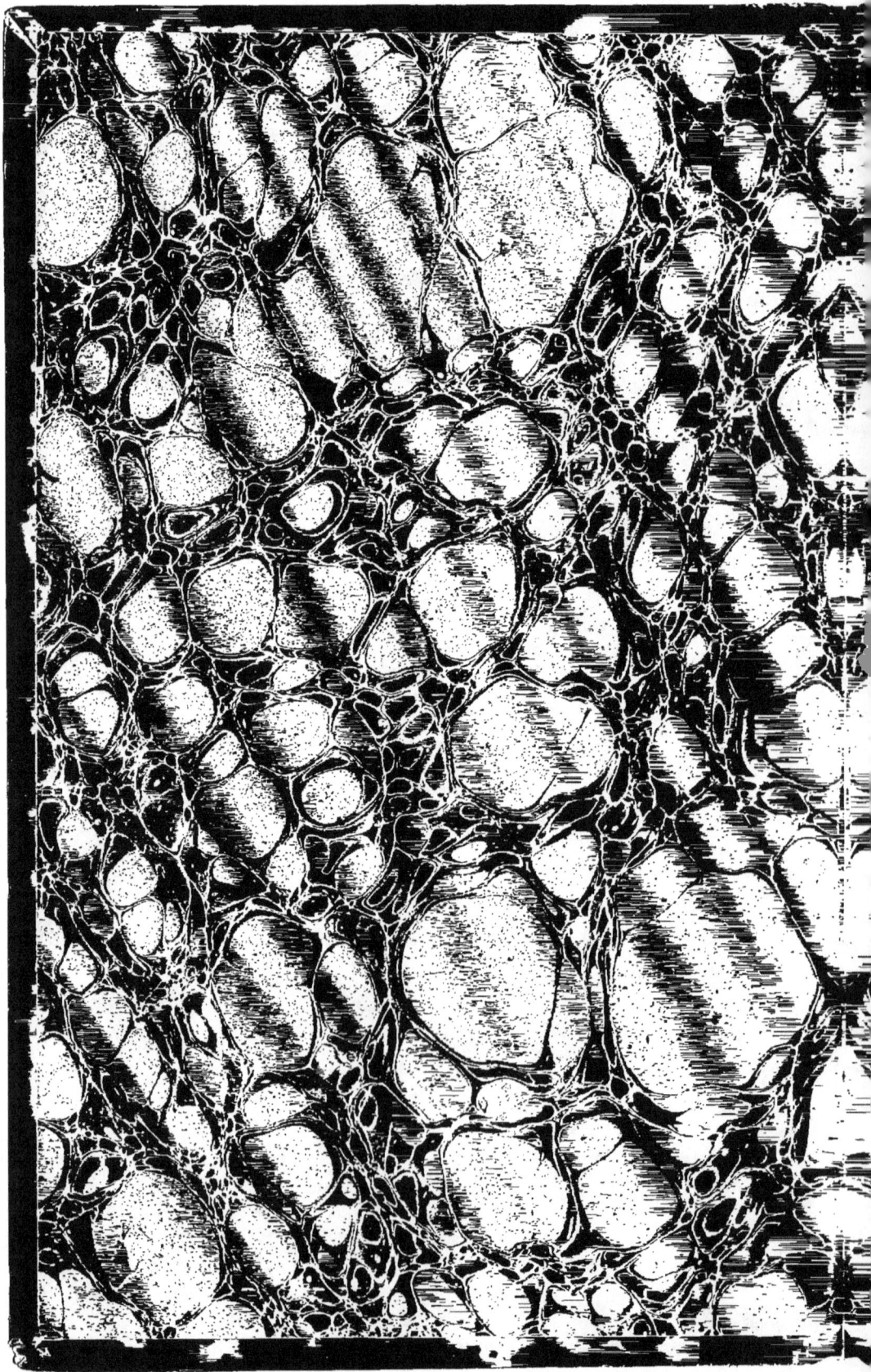

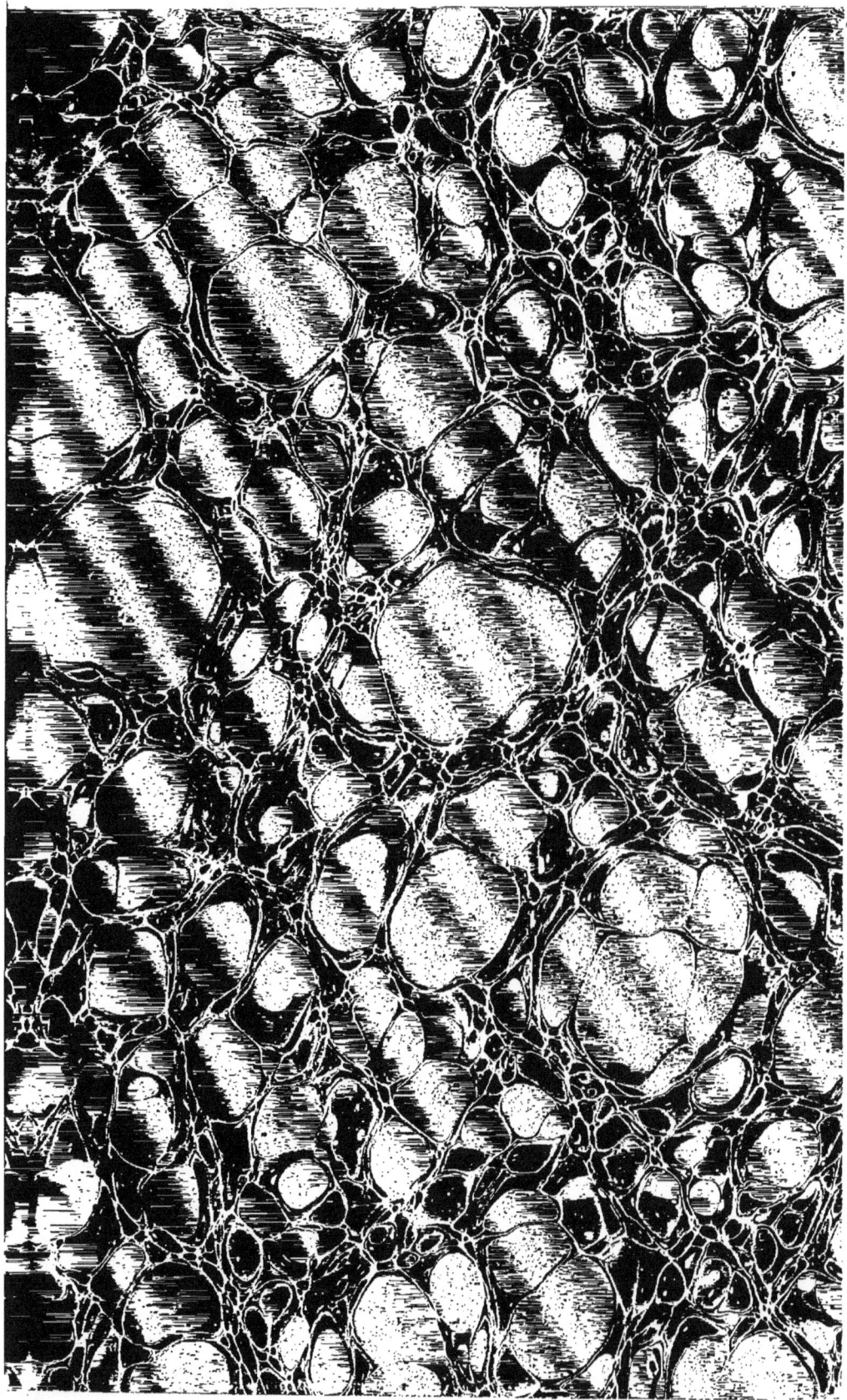

LK⁷ 2413

L'ILLUSTRE
JAQUEMART
DE DIJON.

TIRÉ A DEUX CENT CINQUANTE EXEMPLAIRES.

DIJON, IMPR. DE FRANTIN.

La famille Jacmart
ou la tour de l'Eglise notre Dame à Dijon.

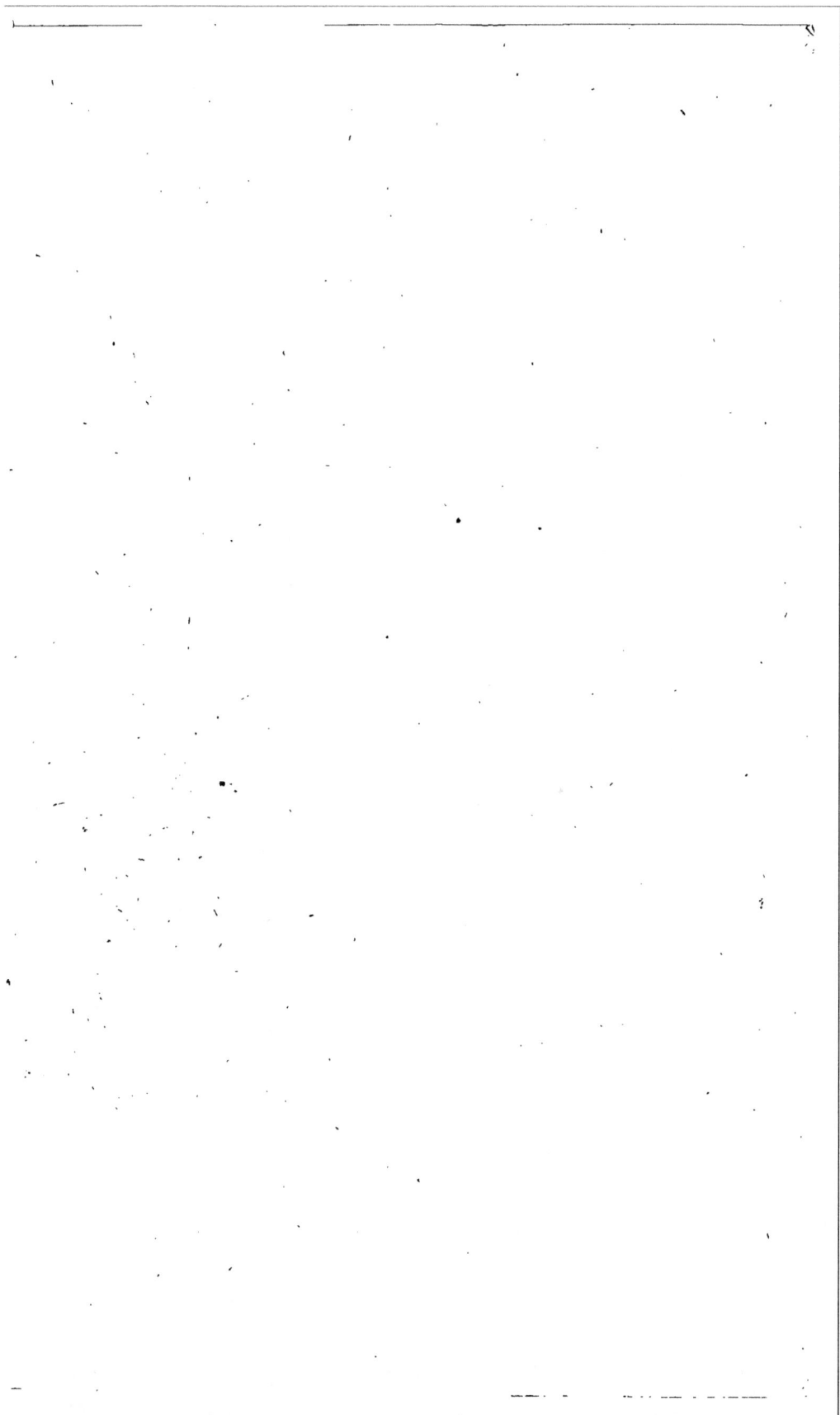

L'ILLUSTRE
JAQUEMART
DE DIJON.

DÉTAILS HISTORIQUES, INSTRUCTIFS ET AMUSANS

SUR CE HAUT PERSONNAGE,

DOMICILIÉ EN PLEIN AIR DANS CETTE CHARMANTE VILLE,
depuis 1382,

PUBLIÉS, AVEC SA PERMISSION,
en 1832;

LE TOUT composé de pièces et de morceaux, tant en français vieux et
moderne, qu'en patois bourguignon; entrelardé de notes curieuses, et
orné de la représentation du Héros et de sa famille, défigurés d'après
nature, et colloqués dans leur haut donjon à claire-voie.

PAR P. BÉRIGAL.

A DIJON,
CHEZ V. LAGIER, LIBRAIRE, PLACE SAINT-ÉTIENNE.

DÉCEMBRE
1832.

ÉPITRE

NULLEMENT DÉDICATOIRE.

JE commence, mon cher lecteur, par vous prévenir que ce petit livre est fait à la diable, quoiqu'il ne soit pas dénué d'intérêt; vous y trouverez du bon, du médiocre, du mauvais, comme il y en a, dit Martial, dans tous les livres en général. Mais celui-ci l'emporte sur tous les autres par le désordre, à-peu-près régulier, qui y règne *ab ovo usque ad mala* (1), par le

---

(1) Savez-vous le latin, mon cher lecteur? Au reste, que vous le sachiez, ou que vous l'ignoriez, je suis bien aise d'apprendre aux personnes qui n'ont jamais eu l'honneur de dîner avec Cicéron, Virgile, Horace, Auguste, Apicius, etc., que, du temps de ces messieurs, le repas commençait par les œufs et qu'il finissait par les pommes (et non par les poires qui étaient alors fort rares); d'où est venu le proverbe *ab ovo usque ad mala,* pour dire depuis le commencement jusqu'à la fin. Avouez que l'érudition est une belle chose, sur-tout quand elle est aussi profonde, et qu'elle roule sur des poires et sur des pommes.

mélange d'érudition et de bouffonnerie qu'on y rencontre de temps en temps, enfin par l'alliance d'une certaine licence villageoise et d'une certaine réserve citadine que vous y remarquerez par-ci par-là. Oui, telle est la nature hétéroclite de ce frêle nouveau-né. Je suis bien aise de vous en avertir d'avance, afin de prévenir toute accusation de vous avoir vendu chat en poche. Il faut donc, mon cher lecteur, que, bon gré, mal gré, vous preniez votre parti à cet égard; et certes, vous ne pourrez pas dire que je vous ai promis, selon le proverbe très-vulgaire et très-trivial, plus de beurre que de pain.

Vous désirez peut-être savoir d'où provient la bizarre contexture de cette babiole, à-peu-près historique, sur mon héros, l'illustre JAQUEMART de Dijon? Le voici : ayant résolu de faire passer à la postérité la plus reculée, le nom, les œuvres et les exploits de ce haut personnage, je me suis empressé d'aller à la quête et de frapper à toutes les portes pour tâcher d'obtenir des renseignemens positifs sur son berceau, sur son élévation, sur ses hauts faits, sur son mariage, sur sa

progéniture, etc. , etc. Mais, hélas! le mé-
tier de frère quêteur, si bon autrefois, est
bien déchu de nos jours; combien de gens
durs, égoïstes ou ignorans, auxquels je ten-
dais la main, m'ont répondu par un sévère
Dieu vous bénisse ! Cependant quelques
bonnes ames, aussi charitables que riches
en érudition, m'ont de suite accordé tout
ce qu'elles possédaient sur ce sujet important (1). Leurs dons généreux ne me sont,
par malheur, arrivés que successivement;
et à mesure qu'ils me parvenaient, je les en-
filais, comme perles précieuses, à la suite
les uns des autres, sans trop m'inquiéter de
l'ordre méthodique. Voilà, mon cher lecteur,
la raison pour laquelle ces petites annales

---

(1) Il est juste de leur témoigner ici ma reconnaissance
au nom du seigneur Jaquemart ; ces personnes sont au nombre
de quatre ; et, chose singulière, les initiales de leurs noms
suivent parfaitement l'ordre alphabétique : ce sont MM. A......,
connu par beaucoup d'opuscules intéressans ; B....., notre digne et obligeant archiviste; C....., dont les articles ingénieux
ont toujours fait fortune ; et D......., très-versé dans la littérature bourguignone. Quelques autres personnes ont aussi des droits
à notre gratitude; nous les prions d'agréer l'expression de ce
sentiment qui n'est plus guère de saison dans le siècle où nous
vivons, mais qu'il ne faut cependant pas laisser tomber en dé-
suétude complète.

jaquemartiales vous paraîtront un tantinet
décousues. J'aurais bien pu remédier à ce défaut, et, d'après le précepte d'Horace, faire
en sorte que

> . . . . et pes et caput uni
> Reddatur formæ.
>
> *Ars poet.*, v. 8.

Mais, ma foi, je le dis franchement, j'ai
été trop paresseux pour reprendre l'ouvrage
en sous-œuvre, le recommencer, et le dis-
poser dans un meilleur ordre : *indè mali
labes.* C'est une grande faute, je l'avoue, et je
suis bien tenté, selon l'usage de tous faiseurs
de dédicaces et de préfaces, de vous en demander humblement pardon à deux genoux ; mais
à quoi cela servirait-il ? Vous n'en regarderez
pas moins mon voluminet *torvis oculis* ; et,
tournant les feuillets avec une sorte d'irritation
nerveuse et d'impatience, vous regretterez
les quelques centimes qu'il vous aura coûté.
Ma foi, mon cher lecteur, j'en suis fâché ;
tant pis pour vous. Pourquoi avez-vous fait
la sottise de l'acheter ? Il est vrai que le libraire en a fait une bien autre en le mettant
sous presse ; tant pis pour lui. Eh bon Dieu !
ne vivons-nous pas dans le siècle des sot-
tises ? Tout le monde en fait, tout le monde

en dit, tout le monde en vit, tout le monde
en rit. Eh bien! tenez, je suis sûr qu'après
avoir froncé le sourcil, vous serez le premier
à rire d'avoir été dupe en faisant cette
pauvre acquisition ; et tout en riant, en
pestant, en jurant, vous finirez, oui, vous
finirez par placer cette petite drôlerie dans
votre bibliothèque, sur le rayon du milieu,
entre quelque sot ouvrage relatif à Dijon et
les jolis *Noëls bourguignons*.

Encore un mot, mon cher lecteur ; vous
êtes sans doute du pays ; l'atmosphère dijon-
naise vous enveloppe, vous presse, vous
pénètre par tous les pores ; je vous en féli-
cite, car c'est dire en deux mots, que vous
êtes fin, charmant, spirituel, malin, caus-
tique, pinçant, mordant, et d'autant plus
mordant que vous jouissez sans doute,
comme la plupart de vos concitoyens, de
l'heureux privilège de n'avoir jamais publié
un ïota dans votre vie. O la bonne aubaine
pour vous, que cette innocente notice d'un
innocent auteur sur un innocent personnage !
Le bon os à ronger ! L'excellente petite pièce
d'anatomie à disséquer ! Il me semble déjà
vous voir dans votre terrible amphithéâtre,

c'est-à-dire dans votre cabinet, le scalpel satirico-critique à la main, étendre mon pauvre Jaquemart sur votre table, lui fendre le ventre depuis le diaphragme jusqu'au pubis, en parcourir minutieusement les entrailles avec des yeux avides d'y trouver des parties véreuses, en soulever, détacher, observer et contrôler malignement chaque viscère, chaque alinéa, chaque phrase, et jusqu'aux points et virgules; puis, quand on vous demandera votre avis sur le patient, je vous entends répondre dédaigneusement : Détestable, pitoyable, niais, sot, illisible. Bien, mon cher lecteur, bien! Comme je suis à-peu-près de votre avis, et que d'ailleurs c'est, m'a-t-on dit, la formule ordinaire des oracles de votre tribunal sur toutes les nouveautés, j'aurais grand tort de me fâcher. Permettez-moi donc, je vous prie, tout en applaudissant à votre équitable jugement, d'ajouter le bon esprit d'en rire, à la sottise, et peut-être, au regret de m'être, pour la première fois, fait imprimer tout vif. Vous voyez que je suis de bonne composition; cela devrait un peu vous désarmer, si vous étiez homme à déposer les

armes; mais non, je connais le terroir, je
vous connais; vous me le promettriez, je
dis plus, vous en auriez l'intention, que,
malgré vous, vous n'en feriez rien, tant est
vrai le proverbe

Naturam expellas furcâ, tamen usque recurret.

HORAT. Ep. X, *lib.* I, v. 24.

Eh bien ! tout à votre aise; censurez, réfu-
tez, critiquez, pincez, mordez ,nous n'en serons pas moins les meilleurs amis du monde ;

Hanc veniam petimusque damusque vicissìm.

Ars poet., v. 11.

Adieu donc, mon cher Aristarque ;

Sans rancune

aucune,

votre très-dévoué,

P. BÉRIGAL,

Historiographe impassible du seigneur Jaquemart.

SURPRISE DE L'AUTEUR,

A L'OCCASION DE L'ÉPITRE SUIVANTE.

Miracle ! je ne m'y attendais guère : une épitre congratulatoire, à moi, à moi chantre novice du vieux Jaquemart ! — Et de la part de qui ? — De la part d'un Dijonnais!!! — Cela n'est pas possible ! — Pardonnez-moi ; rien de plus vrai. J'avoue que ce Dijonnais n'est point de ceux dont j'ai parlé plus haut; non ; c'est tout bonnement un brave *Barôzai* de la vieille roche, que j'ai connu dans mon enfance, vers le faubourg d'Ouche, qui a le cœur sur la main, et qui encourage les jeunes gens au lieu de les rebuter par une injuste critique. Oui, je le soutiens, c'est un fort brave homme. Je ne sais ni où ni comment il a eu connaissance de mon manuscrit ; n'importe, il l'a lu ; et, sans que j'aie eu avec lui la moindre petite conférence excitatoire, supplicatoire, etc., il a fait l'éloge de mon œuvre, je dirais presque de mon chef-d'œuvre. J'en suis vraiment tout fier, et comme les éloges que les auteurs n'ont point mendiés, ou qu'ils n'ont point fabriqués eux-mêmes, sont, par le temps qui court, des friandises assez rares, vous trouverez tout naturel, mon cher lecteur, que je m'en régale, et, bien plus, que je vous en régale vous-même. Il est si doux d'étaler ses louanges *in conspectu omnium !* Cela cha- touille si délicieusement l'épiderme de l'amour propre d'un jeune auteur ! Je vais donc mettre sous vos yeux la gentille épistolète vil- lageoise de mon vieux Barôzai ; je ne changerai rien à son style qui, à dire vrai, sent un peu le hoyau ; tant mieux, il n'en est que plus simple, plus naturel, et plus fait pour me flatter : jugez-en vous-même.

ÉPITRE CONGRATULATOIRE.

AI MONSIEU P. BÉRIGAL,

AUTEU DE L'HISTOIRE DE LAI FAMILLE JAIQUEMAR.

J'ai li, mn'aimin, quasi tô fuamman, mé lugnôte su mon née, vote raicontaige de l'histoire anteire de lai famille de far, que Felipe-le-Hadi, le premei de no quate darrei duque de Bregogne, é fai chariai, el y é bé dés année, de Flandre ai Dijon, et qui y tein depeù ce tam-lai le ran le pu élevai. Ai fau que vo sein bé saivan por étre alai détarrai dan dé bôquin et dan lé veille paiperaisse, tôte lé chôse curieuse que vos aivé si jantiment airaingée ai lai quoüe les éne des autre, po lés eprarre é jan de note tam, qui ne s'an dôte tan seuleman pa. Moi qui seù bé veil et qui é antandu palai mé granpeire, de Jaiquemar, de son ôvreire et de lote drôlai, i ne saivoo pa, su lote conte, le demi-quar de ce que vote paipié m'an é

épri. I airoo potan été ravi de pôvoi vos an
remontrai su cé brave jan ; ma le moien de
treuvai ai graipillai quan vos é fai lai ve-
nonge ! Vos éte de cé fouille-au-pô qui ne
laisson ran ai ceù qui, ansin que moi, ne
se leuve pa aissé maitin po prarre lé devan.
I ai bé saivu dans le tam voù j'ailoo ai l'é-
côle ché lés Ignôrantin, éne chanson an
fransoi, su l'ar de *Lanturlu*, qui coroo lé
rue et qui quemançoo :

On dit qu'on va mettre Jaquemart en bas,
Mais Monsieur le Maire dit qu'il ne veut pas. . . . .

Cés deù premei var son tô ce qui an é de-
meurai dan mai veille caibôche. Si je peuvoo
vos an dire daivantaige, i ne m'y foindroo pa ;
car vo saivé, mn'aimin, qu'i seù du fin fon
de mon cœu, tôt ai vo et ai vote sarvice tan
que lai mor ne varé pa me côpai le sublô.

A.-c. SALÔCIN.

Aujodeù dimainche.

TABLE

FIN DE LA TABLE.

L'ILLUSTRE

JAQUEMART

DE DIJON.

DÉTAILS SUR CE HAUT PERSONNAGE,

DOMICILIÉ EN PLEIN AIR DANS CETTE VILLE, DEPUIS L'AN 1382.

Une requête facétieuse que le hasard a fait tomber entre nos mains, nous a engagé à donner un instant de loisir à la rédaction de cet Opuscule. Cette requête en patois est relative à l'Horloge de l'église Notre-Dame de Dijon. Ce n'est pas que nous attachions un grand prix à ces vers bourguignons, tout gais qu'ils sont; mais la pièce d'horlogerie qui fait le fond de cette plaisanterie, étant accompagnée de l'un de ces personnages grotesques, connus sous le nom de Jaquemart, et ce Jaquemart, devant être, d'après nos recherches, le plus ancien qui existe en France, il nous a semblé que cela méritait les honneurs d'une petite Notice historique. C'est un léger passe-temps d'une heure de lecture environ, que nous offrons à la curiosité des Dijonnais qui ont quelque goût pour les antiquités de leur ville.

Nous dirons d'abord un mot sur l'ancienneté des

horloges en général ; puis, passant à l'histoire de l'enlèvement de celle de Courtrai, en 1382, nous parlerons de son transport à Dijon, de l'établissement de
son adhérent, le sieur Jaquemart, dans cette ville,
des fonctions dudit sieur, de son entretien, de diverses conjectures sur les modifications, réparations
et restaurations dont lui et son domicile ont été l'objet
depuis quatre cent cinquante ans qu'il jouit du droit
de cité dans la capitale de la Bourgogne, de l'augmentation de sa famille, des plaintes que l'on a portées
contre lui, de sa défense, etc.; etc., etc. Heureusement nous serons dispensé de parler de sa mort et de
ses funérailles, car *le petit bonhomme vit encore*,
et, plein de vie, il exerce toujours ses hautes fonctions
avec ce zèle, cette activité et cette exactitude qui
faisaient l'admiration des bons Flamands dans sa première jeunesse.

Le début de.ce petit travail est un peu sérieux,
puisqu'on y parle de l'ancienneté des premières horloges connues, dont quelques-unes étaient cependant
assez curieuses. Mais peu à peu l'érudition fera place
à la plaisanterie, et le front du lecteur se déridera
quand il se trouvera en face des joyeux poëtes Bourguignons (Changenet et Aimé Piron), qui ont con-
sacré quelques-unes de leurs rimes villageoises à la
gloire de l'illustre Jaquemart. Prenez donc patience,
cher lecteur; et puissions-nous, selon l'expression du
cuisinier de Charles-Quint, réveiller un peu votre
appétit avec cette fricassée d'horloges, dont quelques

pincées de patois feront l'assaisonnement (1). Com-
mençons.

———————

QUAND l'horlogerie, proprement dite, a-t-elle pris
naissance ? c'est-à-dire, quand, au lieu de clepsydres (2) et de cadrans solaires, a-t-on commencé à

———————

(1) Charles-Quint aimait passionnément l'horlogerie ; il avait
un tel goût pour ce genre de mécanique, qu'un de ses maîtres-
d'hôtel ne pouvant réveiller l'appétit blasé de ce prince, dit un
jour : « Je n'en viendrai jamais à bout, si je ne lui fais une
« fricassée d'horloges. »

(2) La clepsydre est le plus ancien instrument découvert pour
mesurer la durée du temps. Les Égyptiens en attribuent l'invention à Mercure qui, ayant observé que le Cynocéphale uri-
nait douze fois par jour à des intervalles égaux, marqua la
durée des heures, par le moyen de la clepsydre. Cependant
Pline l'Ancien, liv. VII, ch. 60, fait honneur de cette découverte
à Scipion Nasica, qui la publia l'an de R. 595 - 158 av. J.-C. ;
Vitruve l'attribue à Ctesibius, mathématicien d'Alexandrie, qui
vivait peu après Scipion Nasica, l'an 618 de R. -135 av. J.-C.,
et qui, sans doute, l'aura plutôt perfectionnée qu'inventée.
Vitruve fait la description suivante de la clepsydre de Ctesibius :
« Elle marquait, dit-il, les heures par le moyen de l'eau, qui,
« passant lentement par un petit trou pratiqué au fond d'un
« vaisseau, et tombant dans un autre, faisait, en s'élevant in-
« sensiblement dans ce dernier vaisseau, hausser un morceau
« de liège. Ce liège tenait à une chaîne passée autour d'un essieu,
« et qui avait à son autre extrémité un petit sac rempli de sable,
« un peu moins pesant que le liège. Cette chaîne, en faisant
« tourner l'essieu qui était très-mobile, faisait aussi tourner
« une aiguille qui y était fixée, et qui marquait les heures sur

se servir d'horloges à rouages, à contre-poids, se mouvant sans le secours de l'eau, du sable, et marquant l'heure sans le secours de l'ombre? On n'est nullement d'accord sur l'époque de cette invention, et encore moins sur le nom de l'inventeur : les uns nomment Pacificus, archidiacre de Vérone, mathématicien, mort en 849 (1); les autres citent Gerbert, qui fit, dit-on, une horloge à balancier dans la ville de Magdebourg, en 996 (assertion plus que hasardée), et qui mourut en 1003, après avoir été pape sous le nom de Silvestre II. D'autres prétendent que cette découverte n'a été faite qu'au commencement du xiie siècle, puisque les horloges à roues et à sonnerie sont

_____

« un cadran. » On sent combien cette horloge devait manquer de précision, à raison des variations de la température.

Quant aux clepsydres ordinaires (qui consistent en un instrument de verre composé de deux petits vases de forme conique, réunis par leurs sommets, et où un petit trou pratiqué à ces sommets permet au sable déposé dans l'un des vases de tomber dans l'autre), on peut dire qu'ils sont défectueux, en ce que, non-seulement le sable agrandit le trou par sa dureté, mais encore parce que les grains de sable deviennent plus petits en se frottant les uns contre les autres. C'est ce qu'exprime le distique suivant :

Clepsydra mentitur verissima, namque foramen
Semper fit majus, semper arena minor.

Nous ne parlerons point des prétendues horloges à mouvement attribuées à Boëce et à Cassiodore, l'un et l'autre morts au vie siècle.

(1) C'est remonter un peu haut; mais ce Pacificus existait déjà dans le temps où le khalife Haroun-Al-Raschild envoya à

mentionnées pour la première fois dans les *Usages de
l'Ordre de Cîteaux*, compilés en 1120, livre où il
est prescrit (CHAP. 114) au sacristain de régler l'horloge de manière qu'elle sonne et l'éveille avant les
matines; et ailleurs il est encore dit que l'on prolon-
gera la lecture jusqu'à ce que l'horloge sonne. (Voy.
DOM CALMET, *Commentaire sur la règle de saint
Benoît*, tom. Ier, pp. 279-280). D'autres regardent
le bénédictin anglais Walingfrod, qui vivait en 1326,
comme un des inventeurs. Huet, dans son *Origine
de Caen*, p. 135, parle d'un certain Beaumont qui,
en 1314, fit une horloge que l'on voyait sur le pont de
Caen, avec cette inscription sur le timbre :

> Puisque la ville me loge
> Sur ce pont pour servir d'auloge (*sic*),
> Je ferai les heures ouir
> Pour le commun peuple rejouir.
> M'a faite Beaumont, l'an mil trois cens quatorze.

Enfin il en est qui comptent Regiomontanus (Jean
Muller), né en 1436, parmi les inventeurs de l'hor-

Charlemagne une mécanique curieuse, moitié clepsydre, moitié
horloge, et qui déjà présentait le germe de la sonnerie. Cet envoi
date de 807. Ducange nous apprend que cette horloge était en
airain, qu'elle marquait le temps par des cavaliers qui ouvraient
et fermaient douze portes, suivant le nombre des heures, et les
sonnaient par la chute de quelques balles sur un timbre, etc.

Cette horloge ne serait pas la première connue, car on en cite
une à rouages qui aurait été envoyée par le pape Paul Ier à
Pepin-le-Bref, en 747, et qui passait pour une chose unique
dans le monde.

logerie. D'après cette diversité d'opinions qui embrasse plusieurs siècles, on conçoit qu'il est plutôt question de quelques découvertes partielles qui auront successivement contribué aux progrès de cet admirable mécanisme, que de son invention subite et complète. Ainsi l'on peut dire que ceux que nous venons de nommer, et sans doute beaucoup d'autres, y ont pris ou pu prendre plus ou moins part. Cela est très-présumable ; mais que cela se soit passé de cette manière ou autrement, il n'en est pas moins vrai que l'art de l'horlogerie avait déjà acquis un certain degré de perfectionnement dans le xIVe siècle, quoiqu'il ne s'agisse encore que de ces grosses horloges à simples ressorts, que l'on plaçait dans les monumens publics, tels que portails d'église, maisons de ville, clochers, tours, tourelles, etc.

On en cite cependant, dès ce temps, quelques-unes qui, plus compliquées, excitaient déjà non-seulement la curiosité du vulgaire, mais l'attention des savans et des artistes. Par exemple, l'anglais Richard Walingfrod, déjà nommé, fils d'un forgeron et devenu abbé du monastère de Saint-Albans, inventa et fit exécuter, en 1326, une horloge que l'on pouvait considérer comme une merveille. Si l'on en croit Leland, elle ne marquait pas seulement les heures, mais encore le cours du soleil et de la lune, la monte des marées, etc.

Jacques de Dondis de Padoue, philosophe, médecin, astronome et mécanicien, fit faire, en 1344, une horloge où l'on voyait les heures du jour et de la nuit, les jours du mois, etc. Il est mort en 1359, et non en 1350 comme on l'a prétendu.

Jean de Dondis, son fils, en fit une semblable et plus curieuse encore, puisqu'elle marquait non-seulement les heures, les jours du mois, mais aussi les fêtes de l'année, le cours du soleil, de la lune, etc. Cette mécanique, qui lui valut le surnom de *Joannes ab Horologio*, fut placée à Pavie. Jean de Dondis mourut en février 1389. Il doit encore exister à Padoue et à Venise des Dondi dall'Orologie, qui descendent de lui.

A Lunden, en Suède, on voyait une horloge si artistement composée (toujours dans le xive siècle), que, lorsqu'elle sonnait les heures, deux cavaliers se rencontraient et se donnaient autant de coups qu'il y avait d'heures à sonner. Alors une porte s'ouvrait, et, dans le fond, paraissait un théâtre où la Vierge Marie, l'enfant Jésus entre ses bras, assise sur un trône, recevait la visite des Rois Mages suivis de leur cavalcade marchant en ordre; les Rois se prosternaient et offraient leurs présens. Deux trompettes sonnaient pendant la cérémonie; puis tout disparaissait pour reparaître à l'heure suivante.

L'horloge à sonnerie de la cathédrale de Séville fut exécutée en 1400.

Lazare, Servien d'origine, en construisit une semblable pour Moscou, en 1404.

La cathédrale de Lubeck en eut une du même genre en 1405; elle était décorée des figures des douze Apôtres.

La grande horloge de l'église Notre-Dame de Nuremberg fut fabriquée en 1462 : voilà pour les pays étrangers.

En France, il existait aussi des horloges dès le XIVe siècle, et même avant que celle de Courtray n'arrivât à Dijon. Quoiqu'elles soient moins curieuses que celles dont nous venons de parler, elles méritent d'être mentionnées.

La première grosse horloge que l'on vit à Paris, fut celle du Palais; son exécution est due à Henri de Vic, que Charles V avait fait venir d'Allemagne. Il assigna à cet artiste six sous parisis par jour, et lui donna son logement dans la tour sur laquelle l'horloge fut placée en 1370 (1).

C'est sans doute sur le modèle de cette horloge que le même Roi fit faire celle du château de Montargis, avec un très-beau timbre autour duquel est écrit : CHARLES LE QUINT ROY DE FRANCE ME FIT PAR JEAN JOUVANCE L'AN MIL TROIS CENT CINQUANTE ET TRENTE (1380).

L'horloge de Sens est un peu antérieure; Charles V paya, de moitié avec la ville, la lanterne dans laquelle elle fut posée, en 1377, sur la tour neuve de l'église métropolitaine.

A Auxerre, la principale horloge, moins ancienne

---

(1) On a diminué par la suite les appointemens de celui qui était chargé du soin de cette horloge. Les registres du Parlement de Paris, année 1452, portent qu'on assigna à Jean de Maincourt, horloger de ladicte horloge, 4 sols parisis par jour, pour gages.

que celle de Sens, est placée sous une arcade, qui présente à la vue deux cadrans opposés l'un à l'autre et placés de chaque côté. Ces deux cadrans ont deux fois douze heures avec une double aiguille : l'une marque les heures ; la seconde est terminée par un globe de cuivre, composé de deux cercles concentriques, mobiles, dont l'un rentre dans l'autre, pour représenter par leurs différentes couleurs les phases de la lune.

On connaît l'horloge que Henri II fit faire vers 1550 à Anet, charmant château qu'occupait Diane de Poitiers. On y voyait une meute de chiens courans, et le cerf aux abois marquait l'heure avec l'un de ses pieds.

Un auteur moderne s'est trompé en disant que, dès 1370, la cathédrale de Strasbourg a eu cette superbe horloge, qui passait pour la plus merveilleuse de l'Europe. Elle est du XVIe siècle ; on assure que le projet en a été conçu en 1571, qu'il a été exécuté par un nommé Isaac Habrecht, et qu'elle a été terminée en 1573 ; le mathématicien Suisse, Conrad Dasypodius, en a donné la description en 1580. On a dit que « c'é-
« tait un ouvrage incomparable pour la quantité de
« ses machines qui font mouvoir toutes les constella-
« tions, et tourner divers cadrans qui montrent les
« heures du jour et le cours des planètes. » Ne l'ayant jamais vu de très-près, je ne puis dire jusqu'à quel point ce récit est fondé ; mais Pélisson, qui écrivait sous Louis XIV, en rabat un peu : selon lui (dans sa *lettre* 65e, du 4 sept. 1673), « cette horloge, si cé-
« lèbre autrefois, est une manière de colifichet ou

« de marionnettes dont on ne fait pas grand cas au-
« jourd'hui. » Quoi qu'il en soit, la tour où repose
cette horloge a 142 mètres d'élévation (ou 437 pieds),
et près de 700 degrés conduisent à son sommet.

Une pièce encore remarquable, c'était l'horloge de
l'église de Saint-Jean de Lyon, que fabriqua Nicolas
Lippius de Bâle, en 1598 ; elle passait pour la plus
belle de France. Guillaume Nourrisson, habile horloger Lyonnais, la répara et l'augmenta en 1660 ;
long-temps après, un autre horloger, nommé Charmi,
y a encore fait quelques réparations et additions en
1780. Mais les révolutions ne sont guère plus favo-
rables à l'entretien des horloges qu'à l'entretien de
l'harmonie entre les citoyens ; aussi depuis ces dernières réparations et additions de 1780, ladite horloge
a été totalement négligée, et, comme bien d'autres
choses de ce temps, elle est maintenant hors de service. Je l'ai vue, en 1827, placée dans le bras gauche
de la croisée de l'église ; c'était un corps sans ame, et
cependant encore assez curieux par les détails de son
matériel.

Nous n'aurions peut-être pas dû parler de ces trois
dernières horloges, puisqu'elles sont du xvie siècle,
et que celle de Courtrai, principal objet de nos recherches, est du xive ; mais d'après la célébrité de
ces trois vieilles mécaniques, nous ne pouvions guère
les passer sous silence.

Telles sont les principales horloges anciennes (1) dont

___

(1) Si l'on désire plus de renseignemens sur les anciennes
horloges des xiiie, xive et xve siècles, et même sur les cadrans

nous avons cru devoir faire mention en tête de l'histoire de celle de Courtrai, qui est de la même époque
et du même genre, et qui doit bien autrement nous
intéresser, puisqu'elle tient et appartient à la capitale
de la Bourgogne, par des faits glorieux, par de solides
ferremens, et par un héros, le fameux JACQUEMART,
qui lui a toujours été fortement attaché, et qui n'a ja-

---

solaires et sur les clepsydres de l'antiquité, on les trouvera dans
le *Mémoire de Falconet sur Jacques de Dondis.* (Voyez la Collection de l'Académie des inscriptions et belles-lettres, tom. xx,
in-4°, pag. 440-458, MÉM., ou tom. xxxiv, *in-*12, pag. 217-
249.) Cet aperçu de Falconet est très-rapide, quelquefois erroné,
mais toujours assez curieux. D'autres ouvrages nous ont mis à
portée de corriger plusieurs de ses erreurs, et d'augmenter la
liste des grosses horloges remarquables dans ces différens siècles.

Comme, par la nature de notre travail, nous ne devions
parler que de ces grosses mécaniques, nous n'avons rien dit de
l'origine des montres ou petites horloges portatives, si com-
munes aujourd'hui. Une simple note sur cet objet ne déplaira
sans doute pas au lecteur.

On a prétendu que la première montre, proprement dite, a
été offerte à Charles-Quint vers le milieu du xvie siècle, d'autres
disent en 1529; mais l'origine de ces petites mécaniques,
même les plus délicates, remonterait beaucoup plus haut, si l'on
en croit certains écrivains. On assure, et j'ai peine à le croire,
qu'on a présenté à Charles V, Roi de France, en 1380 (année
de sa mort), une petite montre exécutée en Allemagne, et qui
n'était pas plus grosse qu'une amande. L'Allemand Péters Hèle
fabriquait, dit-on, des montres de poche à Nuremberg en 1500.
Nous ne parlons pas de l'horloge sonnante de Louis XI, qu'un
de ses courtisans emporta dans sa manche, parce que ce n'était
point une montre, mais une véritable horloge. Il n'en est pas
de même d'une montre à sonnerie, que l'on dit avoir été of-

mais bronché dans les services constans qu'il a rendus et qu'il rend encore aux Dijonnais. O histoire admirable, près de laquelle celle de l'immortel Juif errant n'est que paille, poussière et fumée, il est bien temps de vous aborder ! Entrons donc en matière.

Vous conviendrez, mon cher lecteur, qu'il est bien pénible pour un écrivain, et sur-tout pour un

---

ferte, en 1542, au Duc d'Urbin, et qui était, ajoute-t-on, enchâssée dans une bague, en guise de pierre précieuse. Parker, archevêque de Cantorbery, légua, le 5 avril 1575, à son frère Richard, évêque d'Ely, une canne de bois des Indes, ayant une montre à la pomme. Henri VIII, Roi d'Angleterre, en possédait une autre, très-petite, qui allait une semaine entière sans avoir besoin d'être remontée, etc., etc. Il est difficile de croire à toutes ces petites merveilles de mécanique, exécutées si délicatement dans un temps où l'horlogerie ne se faisait encore remarquer que par de grosses pièces d'un mécanisme assez simple, et que l'on payait fort cher.

Les premières montres à répétition ont été exécutées en Angleterre, en 1676; et les premières que l'on ait vues en France, furent envoyées par Charles II à Louis XIV.

Que dirons-nous des horloges en bois? La première connue a été funeste à son auteur : c'est un horloger, nommé Clavelé, qui vivait vers le milieu du xvi⁰ siècle ; on l'a brûlé comme sorcier, et sa mécanique avec lui ; il est vrai qu'outre sorcier il était encore hérétique, ayant embrassé le calvinisme à La Rochelle ; une seule de ces accusations répandait alors une terrible odeur de fagots. Puisque nous avons brûlé un homme pour avoir fait une horloge en bois, ne reprochons pas aux Portugais d'avoir brûlé une jument qui marquait les heures; ce singulier auto-da-fé a eu lieu à la fin du xvii⁰ siècle.

historien scrupuleux et véridique, d'avoir à débuter
par l'aveu de son ignorance sur l'origine de son sujet ;
et pourtant j'en suis réduit là. Je dirai donc franchement que j'ignore la date précise de la construction
de l'horloge de Courtrai, le nom de l'artiste qui l'a
fabriquée (quoique je m'en doute, comme vous le
verrez par la suite), et depuis quel temps elle était
dans cette ville lors de son enlèvement. Mais ce can-
dide aveu ne doit nuire en rien à l'illustration du célèbre Jaquemart dont cette horloge est le berceau.
Combien de héros, issus d'un père anonyme, n'en ont
pas moins jeté le plus grand éclat sur la terre ! Alexandre
le Grand, par un excès d'orgueil, n'a-t-il pas renié
Philippe, son bonhomme de père, sans crainte d'é-
gratigner la réputation de sa digne maman, la pudique
Olympie, qui, selon lui, aurait eu quelque accoin-
tance avec un assez mauvais sujet de par-là haut, nommé Jupiter? Le fameux et beau Dunois, qui a si joli-
ment frotté les Anglais dans le xve siècle, se faisait
gloire de son titre de *Bastard* ; et dans la république
des lettres, combien de génies ont percé, sans avoir
eu l'avantage de pouvoir orner le frontispice de leurs
œuvres d'un nom qu'ils tinssent de leur père ! De-
mandez plutôt à d'Alembert, à Delille, à Chamfort,
etc., etc., etc. Consolez-vous donc, mon cher Jaquemart, de ce petit défaut de paternité légale. Au
reste on prétend que bâtardise et bonheur vont toujours ensemble ; d'ailleurs vous avez un certain avantage sur la plupart de vos confrères, c'est qu'on n'a
jamais reproché à madame votre mère ni faiblesse, ni

infidélité. Mais passons outre ; et sans nous arrêter à l'époque de votre enfance, puisque nous sommes obligé de sauter à pieds joints par-dessus votre berceau, transportons-nous en Flandre, et voyons par quel événement vous et votre maisonnette à ressorts avez été transportés de Courtrai à Dijon. La gravité historique doit présider à ce noble récit.

On sait que le Comte de Flandre, Louis de Male, beau-père de Philippe, Duc de Bourgogne, pressé par une nouvelle révolte de ses sujets, appela ce Duc à son secours. Celui-ci partit, en 1382, à la tête de mille hommes que la ville de Dijon, toujours affectionnée à ses Ducs, lui avait fournis, et alla rejoindre le Roi Charles VI, son neveu (1), que le danger du Comte avait également attiré en Flandre. Le Duc, digne de son surnom *le Hardi*, combattit avec sa valeur ordinaire à la célèbre bataille de Rosebecque, gagnée, en novembre de la même année 1382, sur les rebelles, entre Lille et Courtrai. Vingt mille ennemis restèrent sur le champ de bataille ; tout l'honneur de cette journée fut pour le Roi, et tout le profit pour le Duc de

---

(1) Philippe-le-Hardi était le quatrième fils du Roi Jean ; il est né à Pontoise le 15 janvier 1342. Son père, qui avait pour lui une prédilection marquée, lui donna, le 6 septembre 1363, le Duché de Bourgogne à titre d'apanage, réversible à la Couronne, *haerede non succedente*, et le déclara premier Pair de France. Le Duc Philippe fit son entrée à Dijon le 26 novembre 1364. Il est le premier Duc de la seconde et dernière race (qui en compte quatre, et qui a fini en 1477). Il est mort à Hall le 27 avril 1404.

Bourgogne qui l'accompagnait (1). Après cette bataille,
Courtrai ayant fait difficulté de rendre à Charles VI
les éperons dorés des chevaliers français tués sous ses
murs en 1312, le vainqueur enleva de force ce trophée
dont l'existence était une humiliation pour les Français ; et après son départ, il fit mettre le feu à la ville.
On pense bien qu'un pillage épouvantable précéda le
sac de Courtrai, la cité entière devant être livrée aux
flammes. Philippe de Bourgogne fit descendre la belle
horloge de cette ville, qui passait pour un chef-
d'œuvre, la fit emballer avec beaucoup de précaution ;

(1) L'abbé Richard dit, dans ses *Tablettes de Bourgogne*,
année 1754, p. 42 : « Ce prince fut dédommagé des frais im-
« menses qu'il avait faits dans cette guerre, par le Roi, son ne-
« veu, qui lui donna une somme de 103,000 liv., et par le
« Comte de Flandre, qui lui permit de tirer un subside de
« 100,000 liv. de la ville d'Ypres et du pays d'alentour. »
Outre cela, Philippe hérita, en 1384, du beau pays de Flandre
par la mort de son beau-père. Avec tous ces avantages, il n'en
fut pas plus riche, lorsque lui-même mourut le 27 avril 1404 ;
sa prodigalité dérangea tellement ses affaires, qu'à ses funérailles, la Duchesse, Marguerite de Flandre, sa veuve, fut
obligée de faire acte de renonciation à la communauté de biens,
en déposant sur son cercueil sa ceinture, ses clefs et sa bourse,
suivant l'ancienne coutume de Bourgogne. Cette Princesse ne
survécut pas long-temps à son époux, car elle mourut d'apoplexie à Arras, le 21 mars 1405, à 56 ans. C'était, dit Gollut,
dans ses Mémoires du comté de Bourgogne, *une Princesse géné-
reuse, mal-andurante, et d'un naturel vraiment gaulois.* Son
cher fils, Jean-sans-Peur, ne lui ressembla pas mal du côté de
la *mal-andurance ;* le pauvre Duc d'Orléans en a fait la triste
expérience.

et voulant témoigner sa reconnaissance à sa bonne
ville de Dijon qui lui avait offert si généreusement les
mille hommes dont nous avons parlé, il lui destina
ce beau présent, ainsi qu'une magnifique tapisserie;
de plus il lui permit de porter ses armoiries, avec son
cri de guerre, MOULT ME TARDE (1). Voici comment
Froissart, historien contemporain, ch. 128 de sa
Chronique, Lyon, 1574, 3 tom. in-fol., tom. ii,
pag. 210, rend compte de l'enlèvement de l'horloge
de Courtrai; nous conservons la naïveté et l'orthographe de son récit :

« Le Duc de Bourgougne, dit-il, fit oster vn

---

(1) Le facétieux Tabourot parle dans ses *Bigarrures*, de ce
cri de guerre, et prétend qu'il est l'origine du dicton *moutarde
de Dijon*. Selon lui, les Chartreux de cette ville firent sculpter
sur le portail de leur église les armoiries du Prince, et au-
dessous, la devise *Moult me tarde* était gravée sur un ruban
(en pierre), mais tellement disposé que le monosyllabe *me* était
dans le repli un peu enfoncé du ruban, de sorte que les seuls
mots *moult tarde* étaient en évidence. Aussi les passans, ignorans ou malins, lisant le mot *moultarde*, disaient qu'aux Chartreux était la troupe des *moultardiers* de Dijon. (VOYEZ les
Bigarrures du Seigneur des Accords, édition de 1586, in-18,
pag. 38 et 39 *verso*). Il me semblait que le mot *moutarde* venait de *multum ardet,* pour désigner une substance qui a la
propriété très-prononcée de piquer la langue et d'enflammer la
bouche ; mais tous les étymologistes, d'après l'ancienne orthographe du mot *mous tarde*, le font venir de *mustum* et *ardeo,*
moût ardent, *parce que,* dit Nicot, *on la souloit faire de
moust, comme encore fait-on à Dijon et à Angers; la graine
ou le senevé sert pour luy donner ardeur et pointe.* VOYEZ Jules

« horologe (qui sonnoit les heures) l'vn des plus
« beaux qu'on seust trouuer de çà ne delà la mer :
« et celuy horologe fit tout mettre, par membres et
« pièces, sur chars, et la cloche aussi. Lequel horo-
« loge fut amené et charroyé en la ville de Digeon
« en Bourgongne : et fut là remis et assis : et y sonne
« les heures, vingt quatre entre jour et nuict. Au dé-
« partement du Roy, de la ville de Courtray, elle
« (cette ville) fut durement traittée, car on l'ardit
« (*brûla*) et destruisit sans deport ; et emmenerent
« par maniere de seruage, plusieurs cheualiers,
« escuyers et gens d'armes, et de beaux enfans, fils
« et filles, à rançon. »

Scaliger contre Cardan, cxlviii, 3 ; Dalechamp, dans son *Histoire des Plantes*, lib. v, chap. 39 ; Ménage, au mot MOUTARDE,
etc. Quant à Joseph Scaliger, dans son *Emendatio temporum*,
pag. 572, il tire, dit Ducange, ce mot de *mustacea* ; cependant ce passage n'est pas à l'endroit cité par le savant glossateur.

Il est aussi question de la *moutarde de Dijon* dans le superbe
et curieux volume publié dernièrement sous le titre de *Pro-
verbes et Dictons populaires, avec les dits du mercier et des
marchands, et les crieries de Paris, aux* XIIIe *et* XIVe *siècles,
publiés d'après les manuscrits de la Bibliothèque du Roi, par
G.-A. Crapelet, imprimeur, chevalier de la Légion d'honneur,
membre de la Société des Antiquaires de France.* Paris, 1831,
gr. in-8°, de IV-205 pages. Voyez pag. 113. — Ce précieux ouvrage, orné de deux *fac-simile* des anciens manuscrits consultés
pour sa composition, forme le huitième volume de la *Collection
des anciens monumens de l'histoire et de la langue française* ;
collection magnifiquement exécutée par M. Crapelet, et qui
doit trouver place dans les plus beaux cabinets de France et de
l'Europe.

Froissart (1) n'est pas le seul qui ait parlé de l'enlèvement de l'horloge de Courtrai. Guillaume Paradin (2), dans ses *Annales de Bourgongne*, Lyon,
Ant. Gryphius, 1566, *in-fol.*, s'appuyant du récit de
Froissart, dit, p. 392 :

« Le duc de Bourgongne, estant le feu en la ville
« de Courtray, fut aduerty qu'il y auoit le plus beau
« et le plus riche horologe qui fut en chrestienté ;
« lequel il fit en grande diligence prendre et désas-
« sembler, par toutes les pieces, puis le fit tres bien

---

(1) Cet historien, né à Valenciennes en 1333, et mort vers
1404, a laissé des poésies parmi lesquelles on trouve une pièce
de vers, intitulée : *Dittié de l'horloge amoureuse.* L'auteur fait
connaître, dans cette fiction, sous des noms assez singuliers,
la plupart des pièces qui entraient dans la composition des
horloges de son temps. Les détails analytiques de cet opuscule
et les extraits que nous nous proposons d'en donner étant trop
longs pour être insérés dans cette note-ci, nous en ferons un
article à part, qui sera renvoyé à la fin du volume.

Froissart n'est pas le premier qui se soit servi du mot horloge en poésie ; Jean de Meung qui a fait la suite du *Roman
de la Rose* vers 1300, l'avait déjà employé dans son épisode de
Pygmalion, (vers 21,537) :

> Et refet soner ses orloges
> Par ses sales et par ses loges,
> A rocs trop sotivement *(subtilement)*
> De pardurable mouuement.

Le Dante (mort en 1321) s'était aussi servi du mot *orlogio*
dans ses poésies; et il lui donnait la même signification qu'il
a de nos jours.

(2) Guillaume Paradin, né à Cuiseaux (Bourgogne) en 1510,
est mort en 1590.

« empacqueter sur charrois, ensemble la cloche, et
« commanda le. tout estre mené à Dijon où il fut
« rassemblé et rassis, comme tesmoigne Froissart,
« et aussi la tapisserie qui est à Dijon en la maison du
« Roy. Ainsi demoura Courtray destruit et desolé, en
« vengeance des esperons dorés des François qu'ils
« gardoient qui furent gaiges et ostages de leur ruine. »

Gollut (1), dans ses *Mémoires du comté de
Bourgogne,* Dôle, 1592, *in-fol.,* parlant du sac
de Courtrai et des causes qui avaient attiré ce malheur
aux habitans, dit, p. 574, que

« Le duc Philippe fit resserrer leur beau horologe
« qu'il enuoya à Dijon, lequel on tenoit pour l'vn des
« plus beaux du monde. »

Jean de Serres (2), dans son *Inventaire de l'Histoire de France,* Paris, 1648, 2 vol. *in-fol.,* tom. **I,**
pp. 229 et 230, parle aussi de cet enlèvement :

« Le duc Philippe, dit-il, parmi l'embrasement
« de la ville de Courtray, se souvint assez de recher-
« cher les beaux meubles qui y estoient en abondance;
« il en apporta cette tant belle horloge et cette tant
« exquise tapisserie qui est à Dijon en sa maison du
« Roy. » Cette tapisserie a disparu depuis long-temps.

Voilà suffisamment d'autorités pour prouver que
la célèbre horloge de Courtrai a été enlevée en 1382,
et amenée à Dijon.

D'après ce que nous avons dit plus haut des trois

---

(1) Louis Gollut, né à Pesmes (Franche-Comté) en 1535,
est mort en 1595.

(2) Jean de Serres, né en 1548, est mort en 1598.

horloges faites du temps de Charles V, savoir, celle du Palais à Paris en 1370, celle de Sens en 1377, et celle de Montargis en 1380 ; l'horloge de Courtrai, arrivée à Dijon en 1382, serait donc la quatrième que l'on aurait vue en France. C'est sans doute parmi les plus remarquables, car il n'est pas présumable que la France n'ait eu que quatre horloges dans le xive siècle. Quoi qu'il en soit, tout cela n'atteint en rien le droit de primauté de notre Jaquemart dijonnais sur tous les autres Jaquemarts du Royaume, puisqu'on n'en voit aucun de son espèce, et baptisé du même nom, honorer de sa présence les trois susdites horloges de Paris, de Sens et de Montargis, qui seules, dit-on, existaient en France avant qu'il y arrivât. Mais avant d'aller plus loin, disons un mot sur l'origine du nom de Jaquemart, ou plutôt sur les conjectures hasardées à ce sujet.

Il en est qui prétendent que l'horloge de Courtrai, envoyée à Dijon, est la seconde à roues et à sonnerie qu'ait construite un mécanicien flamand, nommé Jacques Marc, et que de là serait venu le nom bannal de *Jaquemart*, donné à tous ces personnages en fer placés sur les horloges avec un marteau à la main pour frapper les heures. Furetière et d'autres auteurs sont bien de l'avis que ce nom provient de l'inventeur de ces sortes d'horloges ; mais ils ne spécifient point qui était cet ouvrier, dans quel temps il vivait, où il demeurait, quel était son vrai nom. Ménage, étymologiste souvent hasardé pour faire briller son érudition, contredit Furetière ; il prétend que « Jaquemart

« vient du mot *jaque* et du mot *maille*, *jaque*
« *de maille* (habillement de guerre); et il a été dit
« originairement d'un homme armé de jaque de
« maille, *Jaccomacchiardus*, Jaquemard. » On dit
aussi armé comme un Jaquemart (1) : « Ce proverbe,
« assure-t-on, viendrait de Jacques Marc de Bourbon,
« troisième fils de Jacques de Bourbon, connétable
« de France sous le règne du Roi Jean. C'était un
« seigneur fort brave, qui se trouva en toutes les oc-
« casions de guerre et de tournois, mais qui pour don-
« ner bon exemple et se moquer des fanfarons,
« était toujours armé à l'avantage, disant que les ar-
« mes n'étaient faites que pour cela ; et dès-lors on

(1) Quant à l'orthographe de ce mot, elle varie selon les auteurs : Félibien l'écrit *Jacquemart*; Furetière, *Jaquemar*;
Ménage, *Jaquemard*; l'académie l'écrit *Jaquemart*, et nous
nous en tenons à cette dernière orthographe, qui semblerait an-
noncer un diminutif de Jaque Marteau, martelant, frappant
les heures, opinion plus subtile que fondée.

Quant au mot *Jaque*, il signifiait autrefois un habillement
de guerre qui était renflé de coton, et que depuis on avait
fait en mailles de fer. De ce mot *Jaque* nous est venu celui de
Jaquette, le seul resté en usage pour signifier un petit habillement d'enfant. Pontanus nous apprend que *Jaque* vient de
l'allemand *Jack*, qui veut dire aussi habillement. Chez les
Anglais, *Jacke*, *Jack'et* a la même signification, et c'est
plutôt d'eux que nos anciens l'auraient tiré. Coquillart dit
dans son livre *des Droits nouveaux :*

C'était un pourpoint de chamois,
Farci de bourre sus et sous,
Un grand vilain Jaque d'Anglois
Qui lui pendoit jusqu'aux genoux.

« appela *Jaquemars* tous ceux que l'on voyait ar-
« més de pied en cap. » Un auteur moderne est
d'une autre opinion ; selon lui : « on donna à plusieurs
« de ces statues (sonnant les heures) le nom de
« *Jacmars*, corruption de celui de *Jacques Aimard*,
« habile ouvrier qui se distingua par son intelligence
« dans l'exécution de diverses horloges à machines.
« D'autres, ajoute-t-il, veulent que ce nom, qu'ils
« écrivent *Jaquemard*, ait été celui de quelques-uns
« de ces gardes ou veilleurs de nuit, placés autrefois
« dans les tours ou édifices élevés, et dont les fonctions
« étaient de sonner d'une trompe pour donner l'a-
« larme en cas d'incendie. »

Voilà diverses étymologies sur lesquelles nous ne
nous permettrons pas de prononcer ; mais la dernière
nous paraît la moins vraisemblable, car les gardes de
nuit n'avaient point le costume militaire ; et les Jaquemarts que nous avons vus dans différentes villes
et entre autres à Besançon, (1) représentent tous des

---

(1) A propos du Jaquemart de Besançon, je suis bien aise
d'apprendre à mes lecteurs que ce Monsieur a eu un accès de
jalousie atrabilaire, aussitôt qu'il a appris que je faisais l'histoire de son confrère de Dijon. Il a conté ses doléances à un
certain Bisontin dont la renommée biographico-littéraire s'élève
cent piques au-dessus de tous les Jaquemarts du monde, tant
haut soient-ils perchés ; ce Bisontin m'en a écrit ; et comme
heureusement sa lettre m'est parvenue au moment où mon
histoire allait se glisser sous presse, je puis encore insérer ici
cette boutade que je soumets au jugement du public impartial.
La voici textuellement :

« Les Dijonnais me paraissent, dit-il, élever des préten-

guerriers déterminés, armés de toutes pièces : casque, épaulières, brassarts, cuissarts, grèves, genouillères, rien n'y manque. Il n'y a que notre Jaquemart dijonnais qui, ayant préféré les douceurs de l'hymen aux *horrentia Martis*, est modestement vêtu en bon bourgeois sans prétention.

« tions bien extraordinaires sur leur Jaquemart. Il est d'ori« gine flamande ; et l'histoire est pleine de détails curieux sur
« le carrillon de Dunkerque, tandis qu'il *n'est parlé nulle part,*
« *que je sache, de celui de Dijon.* Le Jaquemart de Besançon
« a eu l'honneur de complimenter Louis XIV, quoiqu'il ne
« l'aimât guère. Il a pris part à tous les grands événemens qui
« se sont passés dès le xvıııᵐᵉ siècle ; et il y a quelques
« quinze ans qu'il est allé jusqu'à la préfecture haranguer
« Monsieur, lieutenant-général du Royaume, qui le retint
« dans son palais, et lui promit l'abolition des droits réunis.
« Je ne sais si vous avez pu conter des traits aussi importans
« sur le Jaquemart de Dijon. C'est ce que nous verrons. »

Oui, Monsieur le jaloux, c'est ce que vous pouvez voir dans la présente histoire, quoiqu'on n'ait eu que l'intention d'y célébrer l'antique origine de notre Jaquemart, sa priorité d'âge sur tous les autres, y compris le vôtre, puis le tendre intérêt et les hommages flatteurs dont il a été constamment l'objet. Vous vous vantez d'avoir harangué Louis XIV et un de ses petits-fils ; voilà, parbleu, une belle gloire par le temps qui court ! Puis, vous prétendez qu'aucun auteur n'a parlé de notre Jaquemart ; je vous renvoie aux pp. 16, 17, 18 et 19 du présent volume, et je vous porte le défi de m'en montrer autant sur votre héros-Madelaine, dans tous les livres et bouquins du monde.

Je suis, ma foi, tout fier et bien flatté d'avoir pris cette puce sur le nez au plus grand *helluo librorum,* que la terre ait porté, au colosse de toutes les biographies passées, présentes et futures, à M. Weiss enfin, puisqu'il faut l'appeler par son nom.

Ce qu'il y a de certain, c'est que la dénomination vulgaire de Jaquemart est fort ancienne ; nous la trouvons dans un inventaire, dressé en 1423, des biens de Marguerite de Bavière, veuve du duc de Bourgogne, Jean-sans-Peur ; les articles sont ainsi conçus :

« En lostel de Iaquot Barre seruiteur demorant a « Auxonne, a esté treuué ce qui sensuit : cest assa- « uoir la maison d'une sonnerie de reloige d'un « Iaquemart tant seulement.

« *Item.* Deux roes (*roues*) dudict reloige, ung rou- « hot (*petite roue*), ung bancal (*ressort*), la cou- « uerte dessus ladicte maison, et deux paulx (*pivots*) « principaux qui sont auec.

« *Item.* Ledict Iaquemart de bois tenant ung « martel de fer. » (Ces articles sont extraits du *Catalogue d'une partie des livres composant l'ancienne bibliothèque des ducs de Bourgogne de la dernière race*, par G. Peignot. *Dijon*, 1830, in-8° ; ouvrage qu'on a bien voulu nous communiquer). Voy. p. 41.

Voilà qui prouve bien que le mot Jaquemart était déjà en usage au commencement du xvᵉ siècle et d'un usage très-commun (1), puisqu'on s'en servait

(1) Cela détruit formellement l'opinion émise dans un article anonyme du *Journal des petites affiches de Dijon*, année 1824, p. 621, et répétée dans le *Virgille virai*, de 1831, p. 84, où il est dit que la dénomination de Jaquemart n'a été généralisée pour désigner les horloges à personnage en fer, frappant les heures, que sur le déclin du règne de François Iᵉʳ,

dans les campagnes comme d'une expression ordinaire ; il devait nécessairement être déjà connu dès le xive siècle ; car les mots nouveaux séjournent long-temps dans les villes avant d'avoir reçu leurs lettres de naturalisation , et surtout avant de passer dans les campagnes. Ne soyons donc pas surpris si l'origine et l'étymologie du mot Jaquemart, remontant aussi haut, présentent de l'obscurité , et sont difficiles à débrouiller ; mais il est temps de reprendre le fil de l'histoire de notre émigré de Courtrai.

Lorsque la célèbre horloge de cette ville arriva à Dijon en 1382, ou plutôt dans les premiers mois de 1383, qui étaient toujours 1382, selon l'ancien comput (1),

---

ou au commencement de celui de son successeur, au milieu du xvime siècle. François Ier est mort le 31 mars 1547 , et Marguerite de Bavière est morte le 23 janvier 1423 ; il est clair que, 124 ans avant la mort de François Ier, la dénomination Jaquemart était très connue et généralement adoptée , même dans les campagnes, comme nous l'avons dit plus haut.

Cela n'empêche pas qu'il n'ait pu y avoir, comme le dit l'auteur de l'article des *Petites affiches,* un célèbre artiste nommé Jaquemard, qui aura vécu sous François Ier, et qui aura fait une horloge singulière pour la chapelle du château de Fontainebleau , et une autre pour l'église Saint-Paul de Paris, fait que nous ignorons ; mais prétendre que du nom de cet artiste provient la dénomination générique de Jaquemart, c'est une erreur. Nous croyons l'avoir suffisamment prouvé : ce qui était commun en 1423, ne peut pas avoir été nouveau vers 1547.

(1) En France, l'année commençait alors à Pâques, au lieu de commencer au 1er janvier ; ainsi le 1er jour de l'année 1382 a été le 6 avril, jour de Pâques, et le dernier jour de la même

les Dijonnais reçurent cette merveille avec autant
d'admiration que de reconnaissance ; et le mayeur de
la ville, M. Josset de Halle, la fit placer, quelque temps
après, au-dessus d'une tourelle qui tient au portail de
l'église Notre-Dame (1), où elle est toujours restée et
où on la voit encore aujourd'hui.

Si l'histoire toujours ingrate, et parcimonieuse dans

---

année a été le 21 mars 1383, veille du jour de Pâques. Les
mois de janvier, février et les 21 premiers jours de mars 1383
appartenaient donc, selon l'ancien style, à 1382, qui par
conséquent n'a eu, cette année-là, que 349 jours.

Cette manière très-défectueuse de compter les années, car il
y en avait quelquefois de onze mois, et d'autres de treize
mois, a subsisté jusqu'à l'édit de Roussillon, donné en 1564,
par Charles IX qui a enfin fixé le commencement de l'année
au 1er janvier. Mais cet édit n'a reçu sa stricte exécution dans
tout le royaume qu'en 1567. (Voyez, sur la supputation des
années et des dates, depuis le commencement de l'ère vulgaire,
l'excellent *Calendrier usuel et perpétuel, pour 2200 ans,* par
M. Warin-Thierry, d'Epernay. *Paris,* 1820, *in-*12 de 352
pag.; ouvrage presque tout en chiffres et en calendriers, mais
très utile.)

(1) La paroisse, sous cette invocation, doit être fort ancienne, car dès 1178 elle était déjà la première de Dijon. L'église
fut reconstruite au XIIIe siècle dans l'emplacement de la chapelle de Notre-Dame du marché qui subsistait au XIe siècle.
Elle passe pour un chef-d'œuvre d'architecture gothique. L'art
n'offre rien de plus délicat que les galeries qui règnent autour de la nef et du chœur : elles sont doubles et souvent
triples, soutenues sur des colonnes de six pouces de diamètre,
taillées en forme cylindrique, de quinze pieds de haut et quelquefois de trente. C'est ce qui faisait croire ou du moins dire
au fameux Spon qu'on avait alors le secret de fondre la pierre

les détails, eut pris plus de soin des jouissances de la postérité, elle nous eût sans doute transmis le récit de l'entrée triomphale de l'illustre Jaquemart à Dijon ; elle nous eût dit comme quoi on est allé au devant de lui, comme quoi il a été magnifiquement reçu aux portes de la ville ; elle nous eût conservé les complimens que les magistrats n'ont pas manqué de

---

et de la jeter en moule. La voûte est une merveille de l'art : elle frappa tellement l'illustre Vauban par sa hardiesse, qu'il assura n'avoir jamais rien vu de si beau ; et il ajoutait : « Il « ne manque à ce temple auguste qu'une boîte pour le con- « server. » Le célèbre Soufflot, le créateur de Sainte-Geneviève de Paris, a été si satisfait de cette église de Dijon, qu'après en avoir vu le plan dessiné par M. Lejolivet père, il la fit exécuter en bois avec toutes ses proportions, ses colonnes, etc. Le portail était orné de figures gothiques de l'Ancien et du Nouveau Testament, artistement travaillées. Elles ont disparu en 1793 ; c'était un morceau trop friand pour les appétits de cette époque ; aussi fut-il promptement dévoré.

Cette église fut consacrée, le 8 mai 1334, par Hugues (évêque) de Tabarie, suffragant (de Jean) de Châlon, 74ᵉ évêque de Langres. Elle a 142 pieds de longueur, 53 de largeur et 56 de hauteur.

Ces détails sont tirés de la *Description du duché de Bourgogne*, par Courtépée, tom. II, pag. 198 et suiv. Les rectifications, entre parenthèses, sur Hugues, le consécrateur de cette église, nous ont été communiquées par M. Amanton, qui les a tirées de l'*Histoire de l'église Saint-Étienne de Dijon*, par l'abbé Fyot, pag. 268 ; de l'*Abrégé chronologique de l'histoire des évêques de Langres*, par l'abbé Mathieu, année 1334 ; et de l'*Histoire de Notre-Dame de Bon-Espoir*, par l'abbé Gaudrillet, édit. de 1777, pag. 23.

lui adresser en lui présentant *les vins d'honneur*, *confitures*, *et aultres honnestetez accoustumées en semblables cas*; elle nous l'eût fait voir marchant avec gravité et dignité, sans plier le jarret, au milieu de la foule empressée, depuis la porte borgne par laquelle il est arrivé jusqu'au portail de l'église Notre-Dame ; elle nous l'eût représenté faisant une petite pause chez un honnête serrurier pour s'y rafraîchir et reprendre de nouvelles forces ; ensuite elle nous eût dépeint l'empressement et les respects de la foule, lorsqu'on l'a hissé jusqu'à son domicile aérien, où il se tient en vrai S. Siméon Stylite (1), et d'où il a remercié le peuple avec une grâce et une élégance tout-à-fait flamande. Enfin elle nous eût dédommagé de la

_____

(1) Butler-Godescard dit que « S. Siméon, pour se dérober
« aux distractions qui venaient le troubler dans sa retraite,
« imagina un genre de vie dont on n'avait pas encore vu
« d'exemples. L'an 423, il fit faire une colonne de six cou-
« dées de haut, sur laquelle il vécut quatre ans. Il en fit
« élever ensuite une de douze coudées, puis une troisième
« de vingt-deux. Il demeura treize ans tant sur l'une que sur
« l'autre. Les vingt-deux dernières années de sa vie, il les
« passa sur une quatrième colonne de quarante coudées. L'ex-
« trémité de ces colonnes, environnée d'une balustrade, n'a-
« vait que trois pieds de diamètre, ce qui faisait que le saint
« ne pouvait ni se coucher ni s'asseoir. Il s'inclinait sur la
« balustrade lorsqu'il avait besoin de repos. . . . . . Il y mou-
« rut le mercredi 2 septembre 459. »
    Le surnom de *Stylite*, donné à ce saint, vient d'un mot
grec, qui signifie colonne. (Voyez *Vies des Pères et des Mar-*
tyrs, etc. Lyon, 1818, 14 *vol. in-8o*, tom. I, p. 73, 74 et 76.

privation d'un ouvrage spécial à cet égard, tel que les descriptions brillantes des entrées à Dijon des Rois de France, des princes de Condé, des ducs d'Epernon, de Saulx-Tavanes, etc., etc. (1) Que voulez-vous, cher lecteur? c'est un de ces mauvais tours que l'insouciante Clio joue continuellement à ses plus chers favoris. Nous n'avons pas découvert le moindre petit chiffon de papier imprimé et orné de gravures sur cet événement important; c'est un malheur. Mais si, à défaut de renseignemens positifs que nous refuse l'histoire, nous ne pouvons entrer dans aucun détail sur ce qui s'est fait, nous vous avons du moins donné par présomption une idée de ce qui a dû se faire, et nous sommes bien persuadé que vous n'avez aucun doute sur la véracité présupposée du petit croquis de réception, que nous venons de mettre sous vos yeux.

Maintenant que Mons Jaquemart est installé dans son appartement, il se présente une question : à cette époque était-il marié, et Dame Jaquette, sa femme actuelle, existait-elle déjà, et a-t-elle partagé les honneurs dont les Dijonnais ont comblé, ou dû combler ledit Jaquemart à son entrée dans nos murs? Ou pour parler plus simplement, l'horloge de Courtrai avait-elle plusieurs figures destinées à frapper les

_____

(1) On trouvera un certain nombre de ces relations, indiquées dans la *Bibliothèque historique de la France*, nouvelle édition par M. Fevret de Fontette. Paris 1768-1778, 5 *vol. in-fol.* Voy. particulièrement les tomes II et III où ces relations sont disséminées.

heures, quand on l'a transportée à Dijon? La solution de cette question n'est pas facile.

Dans le grand ouvrage, *l'Art de vérifier les dates*, édition in-8°, tom. xi, p. 70, il est bien dit : « Le duc Philippe fit enlever de Courtrai une « grosse horloge qui passait pour la plus rare qu'il y « eût alors, avec son timbre et deux statues, mâle et « femelle, qui frappaient les heures. Le maire ayant « reçu cette merveille, la fit placer sur une tourelle « du portail de l'église Notre-Dame. » Voilà qui paraît positif; mais où D. Clémencet et D. Clément ont-ils pris qu'il y avait deux statues, mâle et femelle? Il n'en est nullement question dans les anciens auteurs que nous avons cités plus haut (1). Froissart, le plus détaillé de tous, dit simplement : « Celui horologe « (*le Duc*) fit tout mettre par membres et pièces sur « chars et la cloche aussi. » Il ne parle point de figures, quoiqu'il paraisse, d'après l'expression *par membres*, et plus encore d'après une tradition très constante, qu'il y en avait au moins une, peut-être deux, mais rien de plus ; car nous verrons par la suite que l'enfant qui fait la troisième figure, y a été ajouté

_____

(1) Dom Clément, né à Beze en Bourgogne, village à 4 lieues de Dijon, a fait ses études dans cette ville ; il ne serait point surprenant qu'étant habitué, dans sa jeunesse, à voir tous les jours Jaquemart et sa femme, il n'ait été persuadé que ce couple a subsisté ainsi dès la fabrication de l'horloge, et il l'aura dit dans son bel ouvrage; mais où sont les preuves? D. François Clément, né le 7 avril 1714, est mort d'apoplexie, à Paris, le 29 mars 1793.

long-temps après, peut-être au commencement du xviiie siècle.

C'est en vain que nous avons eu recours aux archives de Bourgogne et de la ville de Dijon, pour y trouver quelque mention des figures en question. M. Boudot, l'archiviste, qui nous a déjà donné tant de preuves de son obligeance, nous a fourni des notes tirées des différens registres vermoulus de son vaste dépôt, où l'on parle bien de l'horloge et de ses réparations, mais nullement des figures. Nous allons rapporter ces notes par ordre chronologique; si elles ne nous donnent aucun détail sur Jaquemart proprement dit, au moins elles nous instruiront de quelques dépenses faites pour monter, entretenir et réparer l'horloge, depuis 1383 jusqu'en 1532, date de la dernière des notes qu'a bien voulu nous communiquer M. Boudot.

La première, tirée des comptes d'Amiot-Arnaut, du 1er juin 1383 au 1er juin 1384, porte :

1. (1383). « Lettres-patentes du duc de Bourgogne, qui accorde aux bourgeois et habitans de Dijon une somme de cent livres pour monter l'horloge qu'il leur avoit envoyée de Courtrai. Le paiement de cette somme fut fait à Josset de Halle, mayeur de Dijon, le 29 octobre 1383.

2. (1415). « Cette horloge étoit entretenue aux frais de la duchesse de Bourgogne. On voit dans les comptes de 1415, qu'elle a fait payer à Barthelemi le Gentil, serrurier, maistre et gouverneur de l'orloige de Dijon, à 18 liv. de gages par an, la somme de 9 liv. qui lui restoient dues pour faire sonner ledict orloige.

3. (1416). « Martin Cornoaille, orfèvre, demeurant à

Seurre, fait marché avec Dimanche Vautherin, pour faire différens travaux en la tour de l'orloige : c'est assavoir relever
tout le plomb de la terrasse de la tour et des pans dessous
icelle tour, les refaire et rassoir de plus grosse épaisseur qu'ils
ne sont et tout de nouvel, relever le plomb des colonnes et des
brassoz, les rassoir et renforcer partout ou mestier sera dès
la terrasse jusqu'à l'égal du dessus de la cloiche dudict orloige, et faire toutes réparations audict orloige, ce qui a esté
ordonné par Monseign^r le Duc, par ses lettres patentes don-
nées à Dijon le 6 juillet 1416, portant ordre à ses gens des
comptes d'allouer la dépense.

4. (1422). « La duchesse de Bourgogne fait payer 40 sols
au maître du reloige de Dijon, pour croichiers (*crochets*).

5. (1422). « Dans les comptes de Gui Guillebaut en 1422,
on trouve que Jacquemart, orlogeur et serrurier, demeurant
à Lisle, travailloit pour le duc de Bourgogne. Il reçoit 22 livres pour les besognes qu'il avoit faites (1).

---

(1) Ce Jaquemart de Lille n'aurait-il pas été le fils ou le
petit-fils de celui qui aurait fait l'horloge de Courtrai, transportée à Dijon en 1382, et qui a dû être faite peu de temps
auparavant, c'est-à-dire de 1375 à 1380. Le peu de distance
de Lille à Courtrai le donnerait à penser. Alors il serait présumable que le nom de notre Jaquemart proviendrait de celui de son fabricateur, le vieux Jaquemart de Lille.

Puisque nous en sommes à l'année 1422, nous dirons que,
cette même année, « le duc de Bourgogne a donné à la
« ville de Châlon, 1900 liv., pour faire faire un orloige
« pour cette ville, parce qu'elle n'en avait point, et pour
« savoir les heures du jour et de la nuit. » Quoique ce fait
soit étranger à l'horloge de l'église Notre-Dame, nous le ci-
tons pour faire voir quel était alors le prix de ces grosses mécaniques. Ces 1900 livres vaudraient plus de 7000 fr. de notre
monnaie actuelle.

6. (1427). « Les registres de la ville de Dijon portent que dans cette année 1427, on remit l'horloge de Notre-Dame à point, pour la somme de CENT livres (1).

7. (1458). « Le Duc paye 1000 liv. à Henri Zwalis, docteur en médecine, pour recompensation d'un orloige qu'il a fait pour le Duc, contenant le mouvement des planètes, des signes et des étoiles. (Nous ignorons où a été placée cette horloge.)

8. (1509). « La ville entretient l'orloge de Notre-Dame.

9. (1517). « On refait la couverture de plomberie étant sur le gros reloige de la ville.

10. (1518). « Ouvrages faits au reloige de l'église Notre-Dame, pour faire sonner le guet.

11. (1519). « On recouvre de plomb et d'ardoise l'entour des colonnes de bois qui sont d'un côté et d'autre de Jaquemart, après y avoir fait deux barreaux de fer traversans, qui tiennent ledict Jaquemart avec un gros paux de fer.

12. (1525). « Deux cables, l'un de six pouces de gros, l'autre de trois pouces, mis ès contrepoids du gros reloige de l'église Notre-Dame, pesant 113 livres.

13. (1528). « On a ressoudé la terrasse du grant orloge, étant sur l'église Notre-Dame, et l'on a armé de plomb le gros paux de fer qui fait tourner Jaquemart.

14. (1532). « On a rétabli le grant orloige sur l'église Notre-Dame. »

Telles sont les notes qu'a bien voulu nous communiquer M. Boudot. On voit qu'il n'y est question de Jaquemart que deux fois, et encore dans le XVIe siècle; malgré cela, nous sommes porté à croire qu'il existait dès le XIVe, et même qu'il pouvait être ac-

---

(1) Les mêmes registres portent qu'en 1520, il existait déjà une horloge à l'église de Saint-Michel de Dijon.

compagné de sa femme. Mais il est bien reconnu
que ces deux figures, quoiqu'en fer pour les ressorts, et en tôle pour l'habillement, n'ayant d'ailleurs pour abri que la voûte céleste, n'ont pu résister pendant plusieurs siècles aux intempéries des
saisons et à la dent corrosive du temps. Aussi est-
on bien d'accord qu'elles ont été non-seulement res-
taurées, mais renouvelées plusieurs fois (1). Dans
quel temps et combien de fois? C'est ce qu'il n'est
pas facile de découvrir, sur-tout d'après le silence
des registres d'où l'on a tiré les notes rapportées ci-
dessus. Il faut donc, à défaut de ces renseignemens
authentiques, en chercher d'autres qui, sans avoir
un caractère de certitude, puissent du moins, comme
conjectures, jeter quelques rayons de lumière sur
cette matière ténébreuse. Nous avouons que notre
position est assez embarrassante; tâchons de nous
en tirer.

Ne pouvant plus recourir aux graves documens de
l'histoire ni au dépôt poudreux des archives, puisque ces sources sont taries pour nous, nous sommes
forcé de diriger nos pas d'un autre côté. Mais de

---

(1) Il est dit dans *l'Histoire de Notre-Dame de Bon-Espoir*,
par l'abbé Gaudrillet, 3ᵉ édition; *Dijon*, 1823, *in-*12, p. 19:
« Cette horloge, ainsi que les figures que nous voyons en-
« core à présent, (1733, date de la première édition), ne
« sont plus les mêmes que celles de Courtrai; il n'y a que la
« cloche qui n'a pas été changée. » Donc on a changé, c'est-
à-dire renouvelé les figures; et, comme nous le verrons plus
bas, on a aussi changé leurs costumes.

quel côté? Ma foi, déposant tout faste de haute érudition, allons tout bonnement frapper à la porte de quelques bons barôzais (1); il en est, parmi ces braves gens, qui, dans les joyeux refrains de leur muse gaillarde, n'ont pas oublié le seigneur Jaquemart; c'est à ceux-là que nous allons nous adresser sans façon. On objectera peut-être que des rimes bourguignones sont des autorités bien fragiles en fait de graves événemens : eh! Messieurs, si l'on voyait à découvert tous les pivots de l'histoire générale et particulière, on en trouverait plus d'un qui le serait peut-être encore davantage, témoins ces antiques rapsodies, ces *ponts-neufs* de la Grèce, que le vieil Homère, cet illustre mendiant, chantait au coin des

---

(1) Ce mot signifie littéralement *bas rosé;* c'était une partie du costume d'un très ancien vigneron de Dijon qui s'était rendu célèbre, et qui parlait le bourguignon le plus franc; il portait des bas couleur de rose; dès-lors on a donné le nom de bas-rosé *(barôzai)* à ceux qui, connaissant à fond le patois, se sont exercés dans la poésie bourguignone. La Monnoye a intitulé ses jolis noëls : *Noei borguignon de Gui Barôzai.* Ceux qui, après La Monnoye, ont acquis le plus de célébrité dans ce genre de poésie, sont P. Dumay, l'abbé Petit et le P. Joly, auteurs du *Virgille virai* en *borguignon*, dont on vient de donner une charmante édition avec des notes curieuses de M. Amanton. Dijon, 1831, *in*-18 de xlviii-326 pag. Aimé Piron, le père d'Alexis, s'est aussi distingué par de fort jolies pièces et par des noëls connus sous le nom d'*aivan* (avent); on peut encore citer les noms des Perard, des Changenet, des Malpoy, des Morisot, des Brechillet, des Tassinot, des Galeton, des Drouhin, etc., etc., etc.

rues, pour un sou qu'on lui jetait dans son bonnet,
et qui ont servi de base à je ne sais combien de sot-
tises historiques (1), avant de faire enrager nos éco-
liers sur les bancs. Au reste, Messieurs, faute de
grives, dit le proverbe, on mange des merles : je n'ai
plus de grives à vous donner, voici mes merles ; puis-
siez-vous y trouver par-ci par-là le goût de la grive !

Voyons donc si, dans certaines poésies bourguignones, nous pourrons découvrir quelques traces de renouvellement des deux figures appartenant à l'horloge qui provient de Courtrai.

Vers la fin du xvie siècle, ou au commencement
du xviie, parut une pièce en patois, intitulée *Mairiaige de Jaiquemar* (2). On l'attribue à Change-

(1) Jusqu'au XVIe siècle, nos anciens historiens, très habiles dans la découverte des origines, nous font descendre,
nous autres Français, en ligne directe et bien prouvée, de
Francus, fils d'Hector si bien arrangé par les Grecs, ainsi
que son cher père Priam. Le dernier ouvrage le plus curieux, ou, pour mieux dire, le plus drôle en ce genre, est
celui qui a pour titre, *les Illustrations des Gaules et Sin-
gularitez de Troyes, par Jan le Maire de Belges,* (Lyon,
1508) *in-4°* : il y a en tête un beau tableau généalogique,
en rouge et en noir, qui, commençant à Noé et finissant à
Francus (fils d'Hector) qui a régné dans la Celtique, ne laisse
aucun doute sur notre illustre origine troyenne. Cela prouve
que l'auteur n'était pas un grand grec, quoiqu'il se vante
beaucoup. Et c'est d'Homère, en grande partie, qu'on a tiré
toutes ces belles choses !

(2) Nous devons la communication de cette pièce très-rare,
à M. Boudot, l'archiviste, dont nous avons déjà eu occasion

net, fameux vigneron de Dijon. Cette pièce, qui
nous a paru assez faible (peut-être parce qu'il n'en
existe que des copies défectueuses), cette pièce, di-
sons-nous, semble avoir été faite pour célébrer un
renouvellement des figures de Jaquemart et de sa
femme. L'auteur commence par dire que tout le
monde accourt vers la Poissonnerie, c'est-à-dire dans
la rue Musette, pour voir Jaquemart :

> Compeire, voù core cé jan (1)
> Qu'i voi qu'alon contre Sain-Jan,

---

plusieurs fois de reconnaître l'obligeance ; il a enrichi l'ancienne copie qu'il en a, de l'explication des termes les plus
difficiles à entendre ; malgré cela, cette vieille copie nous a
paru faite par quelqu'un, qui sans doute ignorant le patois,
l'aura défigurée par beaucoup de fautes. C'est ce qui nous a
engagé à recourir à M. Delmasse, demeurant à Gevrey, qui
possède dans sa riche bibliothèque, la collection la plus nom-
breuse en ouvrages bourguignons ; la copie du *Mairiaige de
Jaiquemar* qu'il a bien voulu nous communiquer, ne diffère
en rien de celle de M. Boudot ; voilà la raison pour laquelle
nous ne donnons pas cette pièce en entier, comme celle de
lai Requaite qui suivra, et que nous tenons également de
l'obligeance de ces messieurs.

(1) Comme peu de personnes sont maintenant familiarisées
avec le patois, nous donnerons au bas des pages la traduction française de tous les passages bourguignons dont nous
rapporterons le texte. Cela nous épargnera l'explication de
certains mots parfois difficiles à entendre. Voici le français
de ce premier passage.

> Compère, où courent ces gens
> Que je vois aller contre Saint-Jean,

Tiran ai lai Poissonnerie?
Ç'á qui von voi lé braverie
De lai venue de Jaiquemar
Qui n'á ni su tar ni su mar.....

Ensuite le poète témoigne son étonnement de voir
un nouveau Jaquemart, fort, nerveux comme un
Hercule, au lieu d'un petit homme, laid, mal fait,
bossu, ressemblant à un Esope, qui existait auparavant. Il exprime ainsi sa surprise :

I ne sai si j'aivoo trô bue,
Vou si j'aivoo lés ébreluë
Quan je le vi l'autre dé jor;
Ma je ne peu tomber d'accor
Que ç'á Jaiquemar an parsonne.
Po Jaiquemar, c'étoo ein homme
De cote taille, aissé mau fai,
Qui resanne cés Isopai (1)

Tirant à la Poissonnerie?
C'est qu'ils vont voir les belles choses
De la venue de Jaquemart,
Qui n'est ni sur terre ni sur mer. . . . .
. . . .
. . . .
Je ne sais si j'avais trop bu,
Ou si j'avais la berlue,
Quand je le vis l'autre jour;
Mais je ne puis tomber d'accord
Que c'est Jaquemart en personne.
Pour Jaquemart, c'était un homme
De courte taille, assez mal fait,
Qui ressemble à ces Ésope

(1) Dès le XIIIe siècle, on donnait à Esope le nom d'Ysopet.
Marie de France, qui n'est point de la famille royale, mais qui

Que s'an-von sarran lés épaule
Qu'ai sanne ai voi dé fotépaule ;
Ma cetu-qui, tôt ai rebor,
A lai come ein homme bé for,
Come ein Rôlan, ein Herculiesse,
Gran et pussan come Laiguesse ;
Lai meigne d'ein homme fâchai,
Sanne qu'ai veule tô frâchai.......

Qui s'en vont serrant les épaules,
Qu'il semble voir de pauvres diables ;
Mais celui-ci, tout à rebours,
Est là comme un homme bien fort,
Comme un Roland, un Hercule,
Grand et puissant comme Laguesse ;
La mine d'un homme fâché,
Il semble qu'il veuille tout briser. . . . .

a pris ce surnom, parce qu'elle écrivait en Angleterre, a traduit
en vers français les Fables d'Esope, vers le milieu du XIIIe siècle.
On trouvera cette traduction dans un excellent ouvrage intitulé :
Fables inédites des XIIe, XIIIe *et* XIVe *siècles, et Fables de La
Fontaine rapprochées de celles de tous les auteurs qui, avant lui,
avaient traité le même sujet, etc. ;* par A.-C.-M. Robert, con-
servateur de la Bibliothèque de Sainte-Geneviève. *Paris, Cabin,*
1825, 2 *vol. in-8o, avec* 90 *gravures.*
Marie de France passe pour la première de son sexe dont il
nous soit parvenu des poésies françaises. Elle en a composé
un grand nombre, dont M. Roquefort a donné une bonne
édition. *Paris,* 1820, 2 *vol. in-8o.* Ces poésies consistent,
outre son *Ysopet,* en *Lais,* tels que le *Lai de Gugemer,* le
Lai de Quitan, le *Lai de Dufresne,* le *Lai du Loup-Garou,*
le *Lai de Lanval,* etc., etc.; on lui doit aussi le *Purgatoire
de saint Patrice,* etc.

Puis, passant à la femme dudit Jaquemart, l'auteur en fait le portrait suivant :

Tôt auprès de lu, éne fanne
Belle et bé grante et au bon poin,
Qui ressanne lai leugne en plain ;
Son haibi ai lai pairisiene,
Elle ressanne daime Hélène
Qui demeure au-dessu du Bor,
Qui fai fête de tô lé jor.
Lé fanne sont en rêverie
Porquei Jaiquemar eu anvie
Et le vouloi de s'en alai
Si lontam de çai et de lai
Por emennai cete anvelôpe (1).

Tout auprès de lui, une femme
Belle et bien grande, et en embonpoint,
Qui ressemble la lune en plein ;
Son habit à la parisienne,
Elle ressemble dame Hélène,
Qui demeure au-dessus du Bourg,
Qui fait fête de tous les jours. (*Elle était cabaretière.*)
Les femmes sont à chercher
Pourquoi Jaquemart eut l'envie
Et le vouloir de s'en aller
Si long-temps de çà de là,
Pour amener cette enveloppe.

(1) Ce mot *anvelôpe,* qui depuis long-temps n'est plus en usage, m'avait arrêté, et je le croyais une faute de copiste sur les deux manuscrits que j'avais sous les yeux ; mais j'ai découvert depuis une fort jolie pièce en bourguignon, intitulée : *Mônôlôgue borguignon, por étre prenonçai devan Son Altesse Monseigneu le Duc.* Pet. *in-*12 de 15 pag., imprimé, en 1724, à Dijon, chez de Fay. Dans cette pièce, attribuée à Aimé Piron, je trouve le mot *anvelôpe* pour désigner femme de moyenne vertu ; je vais citer le passage entier où l'auteur fait l'éloge des femmes de Dijon. Il

Qu'ai saichein bé que dan l'Eurôpe
Ai n'y an é pas éne tei ;
Elle á faite d'ein tei motei ,

Qu'elles sachent bien que dans l'Europe
Il n'y en a pas une telle.
Elle est faite d'un tel mortier,

se fait demander pourquoi il est chagrin : Serait-ce , lui dit-on ,
parce que les orages auraient gâté vos vignes et vos blés :

Vou bé que vo fanne ai Dijon (*)
Vos on mettu en marisson ?
Loin de lai, elle son tan saige
Qu'on les aidmire en lo mannaige, .
Qu'elle vive et qu'elle on vivu
Meû que jaimoi on n'é peuvu,
Sans aimorôte, san fredéne,
Ni ran du tô qui nos éléne.
   J'aivon l'histoire por taimoin
Qu'elle son en ein darrei poin
Lé pu dévôte de l'Eurôpe,
Que ce n'à pas des *anvelôpe* ,
Ma bé putó, san lé vantai,
Le mireu de lai chaistetai. . . . .

(*)   Ou bien que vos femmes à Dijon
      Vous ont mis en souci?
      Loin de là , elles sont si sages
      Qu'on les admire en leurs ménages,
      Qu'elles vivent et qu'elles ont vécu
      Mieux que jamais l'on n'a pu ,
      Sans amourettes , sans fredaine ,
      Ni rien du tout qui nous surprenne.
         Nous avons l'histoire pour témoin
      Qu'elles sont en un dernier point
      Les plus dévotes de l'Europe ,
      Que ce n'est point de ces ENVELOPPES ,
      Mais bien plutôt, sans les vanter ,
      Le miroir de la chasteté.

Il est présumable et même certain que si le malin Piron , mort
en 1727, existait encore, il en dirait de même aujourd'hui.

Que jaimoi elle n'é aifaire
De meidecin, d'aipoticaire;
De barbei elle s'an chau moin
Qu'on fai d'ein sale pantemain;
Et ç'á lai fanne lai pu saige
Et lai pu prôpe au mairiaige
Que jaimoi lai tarre é potai.
Elle à si pléne de bontai
Que si Jaiquemar li fai teigne,
Elle é si pô qu'ai ne só greigne,
Qu'elle ne fai que son vouloi.......

A la suite de ces vers, vient un tableau peu gracieux des femmes qui font enrager leurs maris : la matière est ample. Puis l'auteur déplore le sort de Jaquemart qui ne peut contenter tout le monde; il sonne trop tôt les heures pour les joueurs, pour les amoureux en rendez-vous; trop tard pour les paresseux, les saouls-d'ouvrer, etc. Malgré cela, dit-il,

Jaiquemar de ran ne s'étonne;

Que jamais elle n'a affaire
De médecin, d'apothicaire;
De barbier elle s'en soucie moins
Qu'on ne le fait d'un sâle essuie-main;
Et c'est la femme la plus sage,
Et la plus propre au mariage
Que jamais la terre ait portée.
Elle est si pleine de bonté,
Que si Jaquemart lui cherche querelle,
Elle a si peur qu'il ne soit triste,
Qu'elle ne fait que sa volonté.........
. . . .
. . . .
Jaquemart de rien ne s'étonne;

Le froi de l'ivar, de l'autonne,
Le chau de l'étai, du printam
Ne l'on su randre maucontan.
Qu'ai pleuve, qu'ai noge, qu'ai grole,
El é sai téte dan sai caule,
Et lé deu pié dans sé soulai;
Ai ne veu pá sôti de lai.

Ainsi finit cette pièce, qui, comme nous l'avons
dit, est très-faible ; mais il serait difficile de n'y pas
voir le renouvellement des deux figures, Jaquemart
et sa femme ; et même le passage où il est dit que
Jaiquemar... s'en ala si lontam de çai et de lai,
indique qu'on a employé un temps assez considérable
à faire le renouvellement en question. Mais est-ce
le premier qu'on ait fait, et le Jaquemart-Esope est-
il celui qui est sorti des mains de l'artiste flamand au
XIVe siècle? Nous en doutons fort; il nous manque
tout moyen de vérifier le fait.

Passons à un autre renouvellement, qui est posté-
rieur à celui dont nous venons de parler. Si ce n'est
pas un renouvellement complet, c'est du moins une
très-grande réparation, suivie d'augmentation dans
la famille de Jaquemart. Une pièce bourguignone
va encore nous donner des détails à cet égard ; mais

Le froid de l'hiver, de l'automne,
Le chaud de l'été, du printemps
N'ont pu le rendre mécontent.
Qu'il pleuve, qu'il neige, qu'il grêle,
Il a sa tête dans son bonnet,
Et ses deux pieds dans ses souliers;
Il ne veut pas sortir de là.

pour celle-ci, qui est d'Aimé Piron, la gaîté en fait le
fond. C'est une requête présentée en décembre 1714, par
Jaquemart et sa femme, à messieurs de la Chambre
de ville de Dijon. Les deux époux exposent qu'ayant
fait vœu de chasteté, ils ne peuvent procréer des enfans
qui leur seraient nécessaires pour sonner les dindelles,
c'est-à-dire les petites cloches destinées à sonner les
quarts et les demies, ou peut-être simplement les rap-
pels. Ils prient donc messieurs de la Ville de leur en
fabriquer, et cela par le moyen d'un habile serrurier
de Dijon, nommé Saunois, dont le poëte vante le
talent avec lequel il venait de réparer ou, pour mieux
dire, de refaire les deux figures, sur-tout sous le
rapport des ressorts. Il dit formellement

> Que cetu qui lés ai fesu
> Ç'át ein moitre bén antandu...... (1).

Et plus loin il le nomme :

> Sónoi, ce moitre óvrei si daigne,
> Ç'át ein chédeuvre qu'el é fai...... (2).

A quoi pourrait s'appliquer ce mot *chédeuvre*, si
ce n'est aux deux personnages que Saunois venait de
refaire pour remplacer les anciennes figures qui, sans
doute, avaient de la peine à se mouvoir pour frapper
les heures; car l'auteur nous apprend

> Qu'autrefoi ai falloo ein voindre (3)

---

(1). Que celui qui les a faites,
    C'est un maitre bien entendu. . . .
 (2). Saunois, ce maître ouvrier si digne,
    C'est un chef-d'œuvre qu'il a fait.
 (3). Qu'autrefois il fallait un lévier

Po lo fare tonai le cu ;
Et jarre ai le tone pu dru
Que ne vire lai giroüette......

Puis, revenant au principal objet de la requête,
qui est de demander des enfans pour Jaquemart, le
poète, parlant de Saunois, dit qu'il espère

Qu'on poiré bé ce sarrurei,
Sarrurei qu'á tô pró de faire,
Po randre complaitte l'aifaire,
Po chéque raipea ein hairai...... (1).

Cette pièce nous indique donc que les deux figures
de Jaquemart et de sa femme ont été refaites au
commencement du XVIIIe siècle, par un habile serrurier dijonnais, nommé Saunois; et comme maintenant il existe une troisième figure près des deux
premières, c'est-à-dire l'enfant qui sonne les quarts,
il est très-présumable que ce troisième personnage n'a
été fabriqué qu'après la publication de la requête,
c'est-à-dire vers 1715 ou 1716. Au reste, c'est en
lisant cette requête en entier, requête assez facétieuse
et peut-être trop dans certains endroits, que le lecteur
sera plus à portée de se former une opinion sur les
conjectures que nous venons de hasarder.

Pour leur faire tourner le derrière;
Et maintenant ils le tournent plus promptement
Que ne tourne la girouette.
. . . .
(1). Qu'on paiera bien ce serrurier,
Serrurier qui est tout prêt à faire,
Pour rendre complète l'affaire,
Pour chaque rappel un enfant.

Voici donc cette pièce bourguignone dans toute
sa naïveté; elle est, il faut en convenir, un peu au-
dessous des *Noëls* de La Monnoye et du *Virgille
virai,* pour le piquant, le plaisant et les grâces du
style; cependant plusieurs passages d'une gaîté franche
et heureusement exprimés, en rendront en général la
lecture agréable aux personnes encore familiarisées
avec le patois; les autres se contenteront de la traduction.

REQUAITE

DE JAIQUEMAR ET DE SAI FANNE,

AI MESSIEU

DE LAI CHAMBRE DE VILLE DE DIJON.

Supplie humbleman Jaiquemar,
Elevai su deu pau de far,
Vé sai clôche, aivô sai femelle,
L'un et l'autre anfan de lai velle,
5. De veille date, et dó le tam
De Jan san Pô le fiôlan (1),

REQUÊTE

DE JAQUEMART ET DE SA FEMME,

A MESSIEURS

DE LA CHAMBRE DE VILLE DE DIJON.

Supplie humblement Jaquemart,
Élevé sur deux pals de fer,
Vers sa cloche, avec sa femelle,
L'un et l'autre enfans de la ville,
5. De vieille date, et dès le temps
De Jean-sans-Peur le fanfaron,

(1) Jean-sans-Peur, fils de Philippe-le-Hardi, duc de Bourgogne, n'avait que onze ans lorsque son père fit transporter (en 1382) l'horloge de Courtrai à Dijon. Né en 1371, il n'a été duc de Bourgogne que le 27 avril 1404, jour de la mort de Philippe son père. L'auteur, voulant exprimer l'ancienneté du séjour de Jaquemart à Dijon, aurait donc dû dire *dó le tam de Phelippe.* Il donne au duc Jean l'épithète de *fiôlan,* c'est-à-dire d'homme galant, fanfaron en amourettes. On sait, en effet, comment

Et dise qu'el on san reprôche,
San fredenne et san ainicrôche,
Tôjor vicu dedan Dijon

10. An brave jan, su le donjon,
Voù ç'á qu'á plantai le relóge,
Pendan le chau, pendan lai nóge,
Lé glaiçon, le gresi, l'étai,
Aissidu, san s'inquiétai :

15. Lu, étaiché su son ôvraige,
Dan le calme, dan lés oraige;
Lei, sòmise d'autre coutai
Dan tô ce qu'ai veu et qu'ai fai,
Li tén si bonne compaignie

Et disent qu'ils ont sans reproche,
Sans fredaine, et sans anicroche,
Toujours vécu dans Dijon

10. En braves gens, sur le donjon,
Là où est planté l'horloge,
Pendant le chaud, pendant la neige,
Les glaçons, le gresil, l'été,
Assidus, sans s'inquiéter :

15. Lui, attaché sur son ouvrage,
Dans le calme, dans les orages;
Elle, soumise d'autre côté
Dans tout ce qu'il veut et qu'il fait,
Lui tient si bonne compagnie

Jean se conduisait avec les femmes, sur-tout avec Isabeau de Bavière. Il eût été moins malheureux, sans doute, s'il s'en fut toujours tenu à la galanterie; mais l'ambition, la jalousie, la politique le perdirent. Le 29 novembre 1407, il fit assassiner le duc d'Orléans, qui, dit Brantôme, était aussi *grand débaucheur de dames et des plus grandes;* et Jean lui-même fut à son tour assassiné, le 10 septembre 1419, en présence du Dauphin (depuis Charles VII), sur le pont de Montereau.

20. Qu'elle ne l'ébandénne mie,
Demeuran sôple devan lu,
Tôjor an pai, jaimoi an bru.
Bé contraire ai tan d'autre ôvreire
Qui passon dé neù tôte enteire
25. Po vandre ai ló prôve mairi
Du noir, vou bé du çarcifi,
Ai brelandai, que diále sai-je,
Ai boulvarsé tô le manaige :
Ma chécun meùne son odon
30. Come ai l'antan ; échevon don.
Jaiquemar et sai bonne fanne,
Que j'estime éne autre Suzanne,
Aivon fai veu de chaistetai,
Ç'á porquei ai n'on poin d'hairai
35. Pó fraipai dessu ló dindelle ;
Messieu lé Réjan de lai velle,
Vó m'antandé, ç'á qu'ai vorein

_____

20. Qu'elle ne l'abandonne point,
Demeurant souple devant lui,
Toujours en paix, jamais en bruit.
Bien contraire à tant d'autres ouvrières,
Qui passent des nuits tout entières
25. Pour vendre à leurs pauvres maris
Du noir, ou bien du salsifis,
A brelander, que diable sais-je,
A bouleverser tout le ménage ;
Mais chacun mène ses affaires
30. Comme il l'entend ; achevons donc.
Jaquemart et sa bonne femme,
Que j'estime une autre Suzanne,
Ont fait vœu de chasteté ;
C'est pourquoi ils n'ont point d'enfans
35. Pour frapper sur leurs dindelles (_petites cloches_) ;
Messieurs les régens de la ville,
Vous m'entendez, c'est que nous voudrions

Que vó los an fabriqueùssein,
Por que ce tan daigne relóge
40.   Ne feùsse jaimoi demauróge,
Et que lu, lei et lés anfan
Contantisse lés haibitan.
Tô deu, de conçar, vos espôse
Qu'ai serein ravi de tei chôse;
45.   Que cetu qui lés é fesu
Ç'át ein moître bén antandu;
Qu'ai n'on pa seùjai de s'an plaindre;
Qu'autrefoi ai faillo ein voindre
Po lo fare tonai le cu;
50.   Que jarre ai le tone pu dru
Que ne vire lai giroüette.
Tan for qu'ai tone, ou qu'el éclaitte,
Tôjor farme su los argô
Ai fraippe jeuste cô su cô.
55.   Le tonarre ni lés éloide

Que vous leur en fabriquassiez
Pour que ce si digne horloge
40.   Ne soit jamais dérangé,
Et que lui, elle et les enfans
Contentent les habitans.
Tous deux de concert vous exposent
Qu'ils seraient ravis de telle chose;
45.   Que celui qui les a faits
C'est un maître bien entendu;
Qu'ils n'ont pas sujet de s'en plaindre;
Qu'autrefois il fallait un lévier
Pour leur faire tourner le cul,
50.   Que maintenant ils le tournent plus facilement
Que ne tourne la girouette.
Tant fort qu'il tonne, ou qu'il éclate,
Toujours fermes sur leurs ergots,
Ils frappent juste coup sur coup.
55.   Le tonnerre, ni les éclairs

Ne lé choque, tan ai son roide.
Ai ne fu jaimoi tei ressor
Que ceù qu'el aivon dan le cor,
Ressor qui baille du coraige,
60. De si gran force, que je gaige
Qu'ein home de quatre-vingts an
De tei ressor seró contan,
Tan ló vatu át énargique !
L'ôvrei qui lés é fai se pique
65. Que cé ressor fon dan lé nar
Ce que lé códe fon és ar.
Je peu dire ai vó révérance
Qu'honni só-ti qui mau y panse;
Vo sairé don que Jaiquemar
70. Dan ce discor pale san far.
Lu et sai fanne vos essure
Que fraire Jan dés Antomure,
Chaipelain de Gargantüa,

Ne les choquent, tant ils sont roides.
Il n'y eut jamais de ressorts
Pareils à ceux qu'ils ont dans le corps,
Ressorts qui donnent du courage,
60. De si grande force que je gage
Qu'un homme de quatre-vingts ans
De tels ressorts serait content,
Tant leur vertu est énergique !
L'ouvrier qui les a faits, se pique
65. Que ces ressorts font dans les nerfs
Ce que les cordes font aux arcs.
Je puis dire à vos révérences
Qu'honni soit qui mal y pense;
Vous saurez donc que Jaquemart
70. Dans ce discours parle sans fard.
Lui et sa femme nous assurent
Que frère Jean des Antomures,
Chapelain de Gargantua,

Dan sé mambre n'an aivó pa

75. De pu for, ni de pu tarrible,
Quant ai fesi son impossible
Aidon qu'el échaigni de cô
Lé foissei qui volein son clô
Et qui li désolein sai veigne (1).

80. Sônoi, ce moître ôvrei si daigne,
Ç'át ein chédeuvre qu'el é fai.
Por ansin, Messieu, s'ai vo plai,
J'esperon dan lai concluance
De vote aidmirable prudance,

85. Qui n'é pa de pairoille ai lei,
Qu'on poiré bé ce sarrurei,
Sarrurei qu'á tô pró de faire,
Po randre complaitte l'aifaire,
Po chéque raipeá ein hairai.

Dans ses membres n'en avait pas

75. De plus forts, de plus terribles,
Quand il fit son impossible,
Lorsqu'il échina de coups
Les fouaciers qui volaient son clos,
Et qui ravageaient sa vigne.

80. Saunois, ce maître ouvrier si digne,
C'est un chef-d'œuvre qu'il a fait.
Ainsi, Messieurs, s'il vous plaît,
Nous espérons dans la conclusion
De votre admirable prudence

85. Qui n'a pas sa pareille,
Qu'on paiera bien ce serrurier,
Serrurier qui est tout prêt à faire,
Pour compléter cette affaire,
Pour chaque rappel, un enfant.

(1) Voy. RABELAIS, liv. 1er, chap. 17. *Comment ung moyne de Seuillé saulua le cloz de l'abbaye du sac des ennemys.*

90.   Ai fau voi come aipré celai
       Tô lés haibitan de lai velle,
       De Tailan, de Dai, d'Hautevelle,
       D'Ahui, de Vantou, Messigney,
       D'Aneire, Belfon, Bretigney,
95.   De Clénay, Sain-Julien et Norge,
       Quant el airon vandu los orge,
       Los aivone, soigle et conceá,
       Lé villaige du Paï-ba,
       De lai Côte et de lai Montaigne,
100.   Ló froman, le ju de ló veigne,
       Vénron, en sotan du marché,
       Jeune et vieu, los eüille fiché
       Su Jaiquemar, su sai femelle
       Et su lés hairai dé dindelle.
105.   On ne peu croire come ai son
       De requise dessu Dijon;
       Ç'á lor qui téne le contrôle

---

90.   Il faut voir comment après cela
       Tous les habitans de la ville,
       De Talant, de Daix, d'Hauteville,
       D'Ahuy, de Vantoux, de Messigny,
       D'Asnières, de Bellefond, de Bretigny,
95.   De Clénai, Saint-Julien et Norges,
       Quand ils auront vendu leurs orges,
       Leur avoine, seigle et conceau;
       Les villages du Pays-bas,
       De la Côte et de la Montagne,
100.   Leur froment, le jus de leurs vignes,
       Viendront, en sortant du marché,
       Jeunes et vieux, leurs yeux fixer
       Sur Jaquemart, sur sa femelle
       Et sur les enfans des dindelles.
105.   On ne peut croire comme ils sont
       Bien à leur place au-dessus de Dijon:
       Ce sont eux qui tiennent le contrôle

De tô ce qui se fai de drôle
Su lés étoi, dan lé grenei,
110. Vou lé chambleire dé fonei
Monte lés édegrai san peine
Por allai passai lai fairéne
D'aivô lo clar anfairenai,
Ran qu'an culôte et an georgeai,
115. Qui los ansaigne lai métôde
De passai lai fleur ai lai môde :
Aipré lai fleur vén le fru ;
Ç'an á prou di, n'an palon pu.
Ai voise dedan lé chanette
120. Lé maitou divarti lé chaitte ;
Comme encor dedan lé jadin
Gipaillai, come dé laipin,
Le moître d'aivô lai moîtrosse,
Darré dé charme, dan dé fosse
125. De mousse vou bé de gazon,

De tout ce qui se fait de drôle
Sur les toits, dans les greniers,
110. Où les chambrières des fourniers
Montent les degrés sans peine
Pour aller passer la farine,
Avec leurs clercs enfarinés,
Seulement en culotte et en gilet,
115. Qui leur enseignent la méthode
De passer la fleur à la mode ;
Après la fleur vient le fruit ;
C'en est trop dit, n'en parlons plus.
Ils voient dans les gouttières
120. Les matous divertir les chattes,
Comme encore dans les jardins
Gipailler comme des lapins,
Le maître avec la maîtresse,
Derrière des charmes, dans des fossés,
125. Garnis de mousse ou de gazon,

Tô come dessu l'aiderdon.

    Ai n'on pa tô deu lai breluë;
Au lon, au large de nó ruë,
Ai voise ce que chécun fai;
130.   Má, saige, ai gadon le secrai,
En se retenan de no dire
De quei fare pamai de rire;
Car, san vantai, ai possédon
De deveignai le raire don.
135.   Ai voise ai lai Poissonnerie
Lé farreu de mulle qui crie
    Autour de ceù-lai qui vandon
Trô cher lo beurre et lo poisson,
Lé maiquereá et le frômaige,
140.   Lé blaitteraive et lés herbaige.
    Ai voise jusqu'au fon du Par
Bon nombre de jeune gaillar
Qui s'an-von d'aivô dé grivoise

Tout comme dessus l'édredon.

    Ils n'ont pas tous deux la berlue;
Au long, au large de nos rues,
Ils voient ce que chacun fait;
130.   Mais, sages, ils gardent le secret,
En se retenant de nous dire
De quoi faire pâmer de rire;
Car, sans vanter, ils possèdent
De deviner le rare don.
135.   Ils voient à la Poissonnerie
Les ferreurs de mule qui crient
    Autour de ceux qui vendent
Trop cher leur beurre et leur poisson,
Les maquereaux et le fromage,
140.   Les bette-raves et les herbages.
    Ils voient jusqu'au fond du Parc
Bon nombre de jeunes gaillards,
Qui s'en vont avec des grivoises

Maingai lé fraise et lé framboise,

145. Et peu faire des cô-forrai
Que parsonne que lor ne sai.

Ai voise é bor de lai riveire
Chantai, potai lé laivandeire
Qui du darrei et du rullô

150. Fon retanti tô nós échô.
Ç'á lor qui lai guette révaille
Quant ai s'á du ju de lai traille
Encharbôtai trô largeman,
Ma sutô quan ç'á du vin blan.

155. Enfin ai faison santignelle
Lai neù, san feù et san chandelle,
San retadai d'ein seul moman
D'évarti d'aibor qu'el á tam ;
Que peut-on faire daivantaige ?

160. Ç'á porquei, Maigistra très-saige ,

Manger les fraises et les framboises,

145. Et puis faire des coups fourrés
Que personne qu'eux ne sait.

Ils voient au bord de la rivière,
Chanter, péter les lavandières,
Qui, du derrière et du battoir,

150. Font retentir tous nos échos.
Ce sont eux qui la garde réveillent
Quand elle s'est du jus de la treille
Ingurgité trop largement,
Mais surtout quand c'est du vin blanc.

155. Enfin ils font sentinelle
La nuit, sans feu et sans chandelle,
Sans retarder d'un seul moment
D'avertir d'abord qu'il est temps ;
Que peut-on faire davantage ?

160. C'est pourquoi, Magistrats très-sages ,

An conséquance j'esperon
Que vo los octroiré ce don
Qu'ai demande, et feré jeùstice.
Messieu, que le Cier vo benisse
165. Et vo consarve autan de jor
Qu'an ai vicu peire Nestor!

Signé : JAIQUEMAR et JAIQUÔTTE sai fanne.

Nous pensions, après cette requête et ses heureux résultats, que notre tâche d'historiographe du seigneur Jaquemart touchait à sa fin, et que nous n'avions plus qu'à le féliciter sur sa restauration de la façon de l'habile serrurier Saunois, sur l'augmentation de sa famille qui, dès-lors (avec le petit Jaquelinet), a formé un charmant trio, et sur la bonne et édifiante conduite qu'il nous paraissait avoir tenue depuis décembre 1714 (date de ladite requête) jusqu'à ce jour; mais nous étions bien loin de notre compte. Ne voilà-t-il pas que nous apprenons d'un brave fureteur, qui fait bon et utile magasin de toutes sortes de nouvelles du pays, civiles, littéraires, archéologiques, passées, présentes et futures (1), nous apprenons, dis-je, que

---

En conséquence nous espérous
Que vous leur octroirez ce don
Qu'ils demandent, et ferez justice.
Messieurs, que le Ciel vous bénisse
165. Et vous conserve autant de jours
Qu'en a vécu père Nestor.

Signé JAQUEMART et JAQUETTE sa femme.

(1) M. B....., membre de l'Académie de Dijon.

ledit Jaquemart s'est avisé, en 1807 et en 1808, de
faire un carrillon du diable dans le *Journal de la
Côte-d'Or, rédigé par Mr C.....* Oh! oh! on
pense bien qu'aussitôt nous nous empressons de
courir aux sources. Nous présentons notre humble
requête, et nous ne pouvons trop reconnaître l'obligeance avec laquelle M. C..... a bien voulu nous
communiquer toutes les pièces de ce grave événement.
Grave est bien le mot, car nous y avons vu que le
pauvre Jaquemart ayant été indisposé, a eu le malheur de sonner pendant quelque temps midi à qua-
torze heures : inconvénient, il faut en convenir,
assez désagréable dans ses nobles fonctions, d'autant
plus que cela affectait douloureusement toutes les
oreilles, grandes et petites, du quartier. Chacun
pourtant prenait patience, quand tout-à-coup cela
échauffa la bile d'un certain monsieur nouvellement
débarqué à Dijon, assez bon enfant d'ailleurs, mais
qui, ce jour-là, avait mis son bonnet de travers ; ne
va-t-il pas fourrer dans le susdit *Journal de la Côte-
d'Or,* une attaque assez vive contre le pauvre malade !
O, ma foi, ce ne fut pas fini ; bien attaqué, bien
défendu. Jaquemart, tout *encharboté* qu'il était,
se défendit du bec et des ongles, et mit bravement
les raves dans le panier à monsieur l'étranger ; il lui
riva tellement les clous, que ledit monsieur fut camus
et ne souffla plus mot. Notre brave Jaquemart, en
train de bien jaser, fit suivre sa défense d'un petit
précis de son histoire, qui s'accorde parfaitement
avec ce que nous en avons dit précédemment. Vient

ensuite, dans le même *Journal*, un article intéressant où il est question d'une cure merveilleuse qu'o-
péra sur ledit Jaquemart un habile chirurgien en
ressorts, nommé Verneuil; non-seulement il rendit
au malade le mouvement régulier de son bras, mais
celui de sa tête; car vous saurez que notre vieux flamand avait depuis long-temps, sans qu'on s'en doutât,
une affection cérébrale, une paralysie céphalique qui
l'empêchait de faire aucun signe de tête; maintenant
un geste capital approbatif accompagne chaque heure
qu'il sonne. Grâces soient donc rendues au célèbre
chirurgien qui a si artistement réparé les maux de
l'humanité souffrante dans la famille Jaquemart;
aussi son immense réputation s'est à l'instant répan-
due depuis l'entrée de la rue Musette jusqu'aux con-
fins les plus reculés de la banlieue de Dijon.

Mais il est temps de mettre sous les yeux du lecteur
toutes les pièces de cette importante affaire; il y verra
qu'il était impossible, en y en ajoutant encore quelques-unes, de finir d'une manière plus heureuse
l'histoire de notre héros.

Il est bon de vous prévenir d'abord, mon cher lecteur, que l'agresseur (cet étranger dont nous avons
parlé plus haut), est le sieur P.-D. Pierres, jadis très-
connu dans la partie typographique (1), et que le

_____

(1) Philippe-Denis Pierres, fils posthume de Denis-Antoine
Pierres, libraire à Paris, mort le 31 mai 1741, fut l'un des
hommes les plus estimables dont les annales de la typographie
conserveront le souvenir. Il fut reçu libraire à Paris le 10 mai

torrent de la Révolution, dans son cours impétueux, a entraîné à Dijon, où il s'est accroché à un bureau qui ne lui a rien fait perdre de sa qualité d'homme de

---

1763, imprimeur le 15 juillet 1768, et imprimeur du Grand-Conseil en 1769. Le 7 octobre 1779, il obtint des provisions d'*imprimeur ordinaire du Roi*. Le 25 janvier 1780, il prêta serment en la Grand'Chambre du Parlement de Paris. Le 3 juin 1782, il reçut du roi de Pologne une médaille d'or, représentant d'un côté le portrait de S. M. polonaise, et, de l'autre, un trophée de lauriers avec cette légende : MERENTIBUS. Le 7 mai 1784, il présenta à Louis XVI le modèle d'une nouvelle presse de son invention. Sa Majesté, qui saisit à l'instant le jeu de cette mécanique, en fit elle-même l'essai, imprima quelques feuilles, et lui ordonna de l'exécuter en grand. Le 16 novembre 1784, le baron de Breteuil, ministre d'Etat, et M. Lenoir, lieutenant-général de police, allèrent visiter la nouvelle presse de M. Pierres. En août 1785, ce typographe obtint de nouvelles provisions de *premier imprimeur ordinaire du Roi*. En mai 1786, il présenta au Roi la description de sa nouvelle presse, approuvée par l'Académie des Sciences, et imprimée sous son privilège, *in*-4°, *fig*. En janvier 1787, il fut choisi pour monter à Versailles une imprimerie pour le service de l'assemblée des Notables. Le 31 août 1788, il obtint un arrêt du Conseil portant établissement d'une imprimerie à demeure à Versailles. « Sa Majesté, dit « l'arrêt, désirant donner audit sieur Pierres un témoignage de « la satisfaction qu'elle a eue de ses services, notamment du zèle « et de l'intelligence avec lesquels il a exécuté les différens « travaux de l'assemblée des Notables. » En 1788, M. Pierres demeurait à Paris, rue Saint-Jacques, et à Versailles, hôtel des Menus ; il était imprimeur de l'Administration des postes, du Collége royal de France, des Chanoines réguliers de la Congré-

lettres, car il lui en passait tous les jours quatre à cinq cents par les mains (il était commis à la poste). Ledit sieur a donc provoqué Jaquemart par la lettre suivante :

---

gation de France , des Bénédictins de la Congrégation de Saint-Maur, des Etats de Provence , et de la Société royale de médecine.

M. Pierres était très-instruit , non-seulement dans les différentes parties de son art , mais dans plusieurs branches de la littérature; il fut membre des Académies de Lyon, Dijon, Rouen et Orléans. Les éditions sorties de ses presses sont recherchées à juste titre ; la plupart réunissent à une grande correction le mérite d'une exécution élégante. On peut mettre de ce nombre les *Héroïdes d'Ovide , traduites en vers français* (par M. de Boisgelin, depuis archevêque d'Aix). *Philadelphie,* 1784 et 1786, *in-8°.* Ces deux éditions ont été tirées à petit nombre ; l'une a le texte avec la traduction. Les établissemens et la fortune de M. Pierres ayant disparu, comme tant d'autres , dans le gouffre de la Révolution , il a été tout heureux d'obtenir une place de commis dans le bureau de la Poste aux lettres de Dijon. Arrivé dans cette ville en 1807, il y est mort le 28 février 1808 , emportant les regrets de toutes les personnes qui avaient été à portée d'apprécier la bonté de son caractère , son affabilité, et sur-tout ses vastes connaissances. Il était âgé de 67 ans. Il a laissé quelques recueils de matériaux pour un grand ouvrage qu'il se proposait de publier sur l'art typographique ; mais ils ont été disséminés à la vente de ses livres. M. Leschevin , son confrère à l'Académie de Dijon , a publié une courte Notice sur sa vie ; il ignorait sans doute la plupart des détails dans lesquels je suis entré , car ils n'y sont point mentionnés ; malgré cela cette Notice est intéressante.

A M. le Rédacteur du Journal de la Côte-d'Or.

Dijon, ce 24 septembre 1807.

« Monsieur ,

« Je suis ici depuis très-peu de temps ; et quoique je ne sois pas antiquaire par état, je le suis par goût. J'aime à voir ce qui est ancien ; il me semble qu'un respect naturel me le présente sous un point de vue qui m'inspire ce sentiment : *ce sont mes ancêtres qui ont produit ces chefs-d'œuvre ;* et quand je me suis dit cela , je fais des vœux pour que ces objets se conservent jusqu'à la fin des siècles. J'examine avec attention tout ce que je vois ; je fais ensuite moi-même toutes les réflexions que je veux ; mais je n'en fais part à personne. J'ai cependant aujourd'hui la démangeaison de vous dire quelque chose au sujet de l'horloge de Notre-Dame de cette ville. Je ne sais quel en est l'auteur, mais ce n'est pas de cela qu'il s'agit.

« Comme je demeure près de cette église, et que je tiens à être exact aux heures que je donne, je vous dirai que je suis extrêmement mécontent de M. et Mᵐᵉ Jaquemart à qui il plaît souvent de sonner douze heures lorsqu'il n'en est que trois du matin. Je ne sais à quoi ils s'amusent ; mais la plupart du temps ils sont cause ou que je manque une voiture publique, parce qu'il leur sera arrivé pendant la nuit de retarder l'horloge de plus d'un gros quart d'heure , ou que je manque d'envoyer à la poste une lettre dont le départ est absolument nécessaire, et qui, ne partant qu'au courrier suivant, me porte un préjudice notable ; ou que je suis témoin d'une querelle entre un maître et un ouvrier qui profite de la négligence de M. et Mᵐᵉ Jaquemart pour commencer sa journée plus tard. N'y aurait-il pas moyen, Monsieur, de régler un peu mieux la conduite des mariés Jaquemart ? J'exhorte le directeur de ces deux célèbres personnages à y faire attention pour l'honneur de ce beau couple, dont la conduite régulière et uniforme devrait servir de leçon aux personnes âgées. Il est vrai que, sans être décrépits, ils sont d'un âge fort avancé ; mais il faut espérer qu'avec un tempérament de fer, comme le leur, ils iront encore loin.

« Si cette lettre peut amener les deux conjoints Jaquemart et sa femme à une conduite plus régulière, sans courir le risque d'ennuyer vos lecteurs, je vous prie de l'insérer dans votre intéressant journal.

« J'ai l'honneur de vous saluer,

« D. P...RES. » (1).

La réponse à cette lettre ne s'est pas long-temps fait attendre. Jaquemart a la tête près du bonnet, et il l'a bien prouvé dans cette circonstance. Ce n'est pas que, la moutarde lui montant au nez, il ait cassé les vitres ; loin de-là, il s'est défendu avec une réserve admirable, exposant modestement sa conduite, et tout ce qu'il a enduré depuis plusieurs siècles pour être agréable aux Dijonnais. C'était le moyen le plus sûr de confondre son adversaire et de le réduire *ad metam non loqui ;* c'est ce qu'il a fait avec esprit, talent et conviction. Jugez-en, cher lecteur.

Jaquemart à M. le Rédacteur du Journal de la Côte-d'Or.

Dijon, ce 1er octobre 1807.

Monsieur,

« J'ai été extrêmement surpris d'apprendre qu'un étranger se soit avisé de venir ici contrôler ma conduite et celle de ma

(1) *Journal de la Côte-d'Or*, année 1807, n° 77, pag. 609-610.

tendre moitié. Depuis plus de quatre siècles qu'on nous a élevés
tous deux au poste éminent que nous occupons dans votre pays,
nous nous sommes disputé l'honneur d'être utiles aux habitans
de Dijon. Nous ne dormons ni jour ni nuit ; nous éprouvons,
sans nous plaindre, le chaud, le froid, la pluie, la grêle et la
tempête ; nous nous passons de boire et de manger pour nous
acquitter avec plus d'exactitude de notre devoir ; nous avions
même élevé à nos côtés un enfant qui nous seconderait encore,
si la faiblesse de son tempérament n'eût pas rendu inutiles nos
soins paternels. Il est tombé en paralysie ! ! ! Il serait bien affli-
geant pour nous de trouver des ingrats parmi les Dijonnais ;
mais votre étranger a voulu nous inculper. Je crois sur parole à ce qu'on nous a rapporté, car nous avons été, ma femme
et moi, si choqués des reproches qu'on dit qu'il nous a faits,
que nous n'avons pu même lire sa lettre, et que depuis qu'on
nous en a rendu compte, nous nous tenons les bras croisés.
Une personne, qui vient nous voir tous les matins, s'est chargée
de nous consoler, et nous a promis de nous mettre dans le cas
de prouver à ce voyageur atrabilaire, que, malgré notre grand
âge, on ne peut mettre dans toute sa conduite plus d'exactitude que ma chère femme et moi. Nous vivons dans la plus par-
faite intelligence : modèles des époux, nous sommes toujours
ensemble, et la vie sédentaire a pour nous tant de charmes
qu'on ne nous a jamais rencontrés cherchant la dissipation dans
les bals, les spectacles, les promenades publiques ; nous ne nous
battons jamais, quoique, depuis notre union, nous soyons tous
deux armés d'un marteau que nous ne quittons pas : nous lais-
sons ce doux passe-temps à la canaille. Chez nous, non plus,
point de querelle ; et certes, on ne reprochera à Mme Jaquemart ni sa médisance, ni son caquet, car la bonne dame est
muette de naissance ; (ce qui, soit dit entre nous, n'a sans doute
pas peu contribué à la bonne harmonie qui a toujours régné
dans le ménage). La fidélité conjugale, que l'on dit si rare aujourd'hui, est aussi une vertu qui, entre nous, n'a pas souffert

la moindre atteinte. Enfin notre santé, toujours robuste, malgré quelque dérangement momentané dans les mouvemens du
bras, prouve la sévérité constante de nos *principes*, pour em-
ployer aussi ce mot dans sa nouvelle acception ; et qu'au milieu
même des écarts que nous reproche votre étranger, nous pouvons encore servir d'exemple à tous les ménages.

« Daignez aussi, Monsieur, être notre interprète auprès des
Dijonnais ; dites-leur que nous ne prenons un moment de repos
que pour nous rendre plus dignes de leur estime et des regards
des étrangers ; nous en jurons par nos marteaux, ils nous trou-
veront désormais plus exacts et toujours disposés à leur être
utiles.

« *Signé*, Jaquemart.

P. S. « Vous m'excuserez, Monsieur, si je ne signe pas mon
véritable nom ; on s'est tellement habitué à ne me le plus donner, que j'aurais peut-être paru fort étrange, si j'avais repris
subitement celui de mon père. Car il faut vous dire qu'on a
trouvé plus commode d'accourcir mon nom de famille, tandis
que j'ai vu si souvent des gens *au-dessous* de moi, pour qui la
complaisance du public l'alongeait soigneusement d'une par-
ticule ou d'une syllabe. Mais afin qu'on ne me reproche pas
d'être trop long, pour la première fois qu'il m'arrive de prendre
la plume (en prose, car vous avez déjà vu des vers de ma façon),
je vous apprendrai dans une autre lettre, si celle-ci est accueillie,
mon véritable nom, mon origine, et l'émigration à laquelle
m'ont forcé les malheurs de la guerre (1). »

Jaquemart, dans la lettre suivante, va nous ra-
conter son histoire ; nous n'avions aucune connaissance de cette lettre, quand nous avons parlé précédemment des événemens qui ont jadis amené ce

---

(1) *Journal de la Côte-d'Or*, année 1807, n° 79, pag.
625-627.

5

brave homme à Dijon ; nous sommes tout glorieux de
voir notre récit confirmé, à très-peu de chose près,
par la bouche même du héros. Y a-t-il beaucoup d'historiens qui pourraient se flatter d'un pareil bonheur ?
Je voudrais bien voir l'élégant Quinte-Curce en face
de ce mauvais coucheur d'Alexandre, son héros ; combien celui-ci lui prendrait de puces sur le nez ! Il en
serait de même de Varillas en face de Louis XI, de
Vertot en face des chevaliers de Malte (1), de Lan-
guet en face de Marie Alacoque, etc., etc. , etc. Je
ne suis point, grâces à Dieu, dans le cas de ces beaux
faiseurs de contes historiques ; et quoique j'aie toujours dit du bien de mon illustre Dijonnais, on ne
m'accusera pas d'avoir altéré la vérité des faits. La nar-
ration suivante, écrite avec toute la franchise et la
candeur du véridique Jaquemart, et toujours avec le
même talent, le prouvera bien.

---

(1) Ceci est une simple plaisanterie à l'égard de Vertot. Nous tenons d'une source certaine que le mot qu'on attribue à cet historien : *Vous arrivez trop tard, mon siège est fait,* n'a pas le moindre
fondement. Un de mes amis, lié, il y a au moins 40 ans, avec un
très-vieux chevalier de Malte, qui avait été dans les hauts em-
plois de l'Ordre, m'a dit que ce chevalier l'avait assuré que le
grand-maître avait communiqué tous les papiers de l'Ordre à
Vertot, avant qu'il commençât son travail, et qu'ils n'ont été
rendus qu'après que l'ouvrage a été terminé. Puis il a ajouté que
le propos prêté à Vertot était de la plus grande fausseté, et
qu'on ignore ce qui a pu y avoir donné lieu.

Jaquemart à M. le Rédacteur du Journal de la Côte-d'Or.

Dijon, ce 29 novembre 1807.

« Monsieur,

« Je vous avais promis, au mois d'octobre dernier, de vous apprendre mon véritable nom, mon origine et l'émigration à laquelle m'ont forcé les malheurs de la guerre. Aujourd'hui je tiendrai parole. Mon style paraîtra sûrement moins gai que celui de ma première lettre; mais ici je dois autant que possible prendre le ton qui convient à l'histoire.

« On m'a donné, et je conserve encore, avec le changement d'une lettre, le nom de celui à qui je dois la naissance, à cette différence près néanmoins, qu'on a joint son prénom à notre nom de famille. Quelques personnes ont prétendu qu'il s'appelait Jacques Emmard; mais qui mieux que moi doit savoir que le véritable nom de mon père était Marc, et qu'il fut aussi baptisé sous le nom de Jacques? (1) Il était Flamand, à ce que je présume, et fort habile mécanicien pour son temps. Selon

_____

(1) J'ai bien peur que la crainte de passer pour bâtard n'ait ici un peu faussé la mémoire ou le jugement de Jaquemart. Ce qu'on lit dans une des notes précédentes, pag. 32, sur un Jaquemart, de Lille, qui vivait en 1422, et qui était horloger, me semble prouver que notre Jaquemart, à raison sans doute de son grand âge, a un peu perdu la mémoire sur le nom d'un père qu'il a été pêcher je ne sais où. Il est vrai que lorsqu'on se cherche un père dans la profondeur de quelques siècles, il n'est pas difficile de faire quelque *quiproquo;* combien de beaux seigneurs, aidés des d'Hozier, père et fils, ont été dans ce cas! Pour moi, je crois franchement, et je lui en demande bien pardon, que notre ami Jaquemart radote quand il appelle son père Jacques Marc, ainsi que ceux qui le font descendre de Jacques Emmard ou Aimard.

Julien Leroi, qui a fait un traité d'horlogerie, il n'y avait encore en Europe qu'une seule horloge à roues, à poids et à sonnerie, lorsque les magistrats de Courtrai m'obtinrent de Jacques Marc et me firent servir d'ornement à cette cité. J'eus donc alors la gloire d'être la seconde horloge qui sonnât les heures (1). Je restai près d'un demi-siècle sur la tourelle où l'on m'avait placé, toujours utile à mes concitoyens, toujours admiré par eux, toujours visité par les étrangers, quand ma célébrité même me rendit victime des guerres qui éclatèrent en Flandre.

« Après la bataille de Rosebecque, toutes les villes du Comté étaient rentrées dans le devoir ; toutes avaient obtenu leur pardon ; la seule ville de Courtrai se montra insolente dans la défaite. Je n'étais pas le seul objet de son ostentation : elle conservait depuis 80 ans les éperons dorés d'un grand nombre de chevaliers français tués à la bataille livrée sous ses murs. Elle les montrait avec orgueil, et ne voulait pas se dessaisir de ce trophée que le Roi de France exigeait. Le vainqueur irrité enleva de force ces éperons dont l'existence humiliait les Français, et fit mettre le feu à la ville. Philippe, Duc de Bourgogne, ne souffrit pas que je périsse : il me destina à orner la capitale du Duché et me fit transporter à Dijon. (*Ici Jaquemart rapporte le témoignage du chroniqueur Froissart ; il est absolument le même que celui que nous avons cité textuellement*, pag. 16 *du présent opuscule. Puis il dit, comme nous, qu'on l'a placé sur la tourelle de l'église Notre-Dame, et qu'il en a coûté* 100 *livres pour le colloquer où nous le voyons encore aujourd'hui, lesquelles* 100 *liv. le Duc remboursa.* Nous avons dit tout cela.)

_____

(1) L'horloge de Courtrai a pu être la seconde à sonnerie, comme le dit M. Julien Leroi, puisqu'il place la date de son exécution à près d'un demi-siècle avant 1382, c'est-à-dire vers 1340 ; mais je soutiens que notre Jaquemart est le premier du nom dans l'immense race des Jaquemarts qui ont dominé et dominent encore tant de timbres sonores et tant de cerveaux timbrés, en Europe.

. « Ainsi, continue Jaquemart, il y a 425 ans, de compte fait, que je sonne les heures dans votre ville ; mais, comme dans les premières années où l'art qui me donna l'existence était encore pour ainsi dire dans l'enfance, si je n'excite plus l'admiration, si je ne puis plus être comme jadis un des plus beaux ornemens de Dijon, je m'en console en songeant que je suis toujours nécessaire au public.

« J'ai l'honneur d'être, Monsieur le Rédacteur, votre, etc.

« JAQUEMART (1). »

Très-bien, mon cher Jaquemart, très-bien ; j'approuve fort cette lettre et pour la forme et pour le fond, excepté cependant l'article où vous vous donnez très-gratuitement pour père un sieur *Jacques Marc*, artiste tout-à-fait inconnu, et que je ne vous passerai jamais, à moins que vous ne m'apportiez votre extrait de naissance en bonne forme et dûment légalisé, comme s'il devait passer à la Cour des Comptes, où vous savez que les épilogueurs de pièces fournies ne manquent pas.

Mais n'allez pas croire que je sois le seul qui ne reconnaisse pas votre prétendu papa *Jacques Marc*. Auriez-vous par hasard dans votre bibliothèque un petit livret...? Sot que je suis ! comme si Jaquemart pouvait avoir une bibliothèque en plein vent.... Eh bien ! moi je l'ai, cet opuscule intitulé, *Un cahier d'Histoire littéraire*, par G. Feydel, *Paris*, 1818,

_____

(1) *Journal de la Côte-d'Or*, année 1807, n° 96, pag. 775-776.

in-8° de 64 pages. C'est un petit imbroglio composé de pièces et de morceaux, qui renferme quelques révélations littéraires assez curieuses, mais parfois douteuses, du moins pour moi. L'ingénieux auteur, qui parle un peu de tout, a (*pag.* 60) abordé la haute question de votre origine et de celle de vos confrères. Vous allez voir qu'il donne aussi de la pelle au cu à votre *Jacques Marc ;* mais en même temps il vous en dédommage en faisant remonter votre race, ou plutôt l'origine des Jaquemarts, au cinquième siècle, assertion que, sauf le respect dû à la profonde érudition de M. Feydel, je regarde comme inadmissible. Voici le passage de sa brochure où il en est question : c'est une lettre adressée à une belle dame de B***, à L. C., écrite de Paris, en 1809.

« Madame,

« Je suis de l'avis de M. votre curé, contre l'origine qu'un savant livre attribue à votre Jaquemart et à tous les autres Jaquemarts. Ce n'est point en effet à un artisan baptisé *Jacques*, et dont le nom de famille ait été *Marc*, que cette invention est due : (*voilà qui est formel*). Les Jaquemarts actuels, qui sont des machines ouvrées en fer, représentent des gardiens réels, placés jadis aux galeries des beffrois. Ces gardiens étaient chargés de frapper les heures, et de donner le signal du feu ou de tout autre danger. Il serait peu intéressant pour vous, Madame, de connaître tous les noms qu'ils eurent depuis le cinquième siècle, temps auquel ils ne frappaient encore que sur des plateaux de cuivre. Mais je ne puis me dispenser de vous dire que, sous le règne de Charles V, on les désignait par le nom de *tembriers*, et que le peuple, toujours clair dans ses appellations, les nommait *Jaquemarts ;*

ce qui, dans le langage de nos ancêtres, signifiait *mal-couchés*. Les imitations, par lesquelles on remplaça les *tembriers*, ont conservé le nom populaire. Je vous avoue que j'aime ces machines et que je suis fâché qu'on les ait détruites presque toutes, au lieu d'en augmenter le nombre ; ce qui, abstraction faite des idées religieuses, aurait été d'une politique sage ; car il faut toujours inspirer aux paysans de l'admiration pour cette partie des arts mécaniques qu'on n'exerce que dans les cités.

« D'ailleurs la vue continuelle d'un Jaquemart excite la sagacité d'un petit garçon, beaucoup plus que la vue d'une simple horloge. C'est à la contemplation des Jaquemarts que la France a dû plusieurs habiles mécaniciens. Il est vrai que de graves logisticiens (passez-moi le terme), desquels Vaucanson, peu consommateur de chiffres, était devenu le confrère par l'expresse volonté de Louis XV, faisaient des efforts pour se persuader qu'ils méprisaient Vaucanson. Madame, les raisins étaient trop verts.... »

Cette lettre prouve clair comme le jour que le prétendu *Jacques Marc* est un être de raison. Quant aux savantes conjectures de l'auteur sur l'origine des Jaquemarts, nous les regardons comme peu fondées ; mais si nous voulions discuter en détail ses gardiens de beffrois, ses tembriers, ses mal-couchés , ce serait la mer à boire. Cet épisode est déjà trop long, et nous nous empressons de revenir aux pièces extraites du *Journal de la Côte-d'Or*.

L'article suivant est d'autant plus intéressant qu'il nous révèle la dernière et la plus importante des restaurations dont la famille Jaquemart ait été l'objet ; car son histoire, à part ce qui regarde son origine, ne peut guère se composer que de celle de ses restaurations, exigées par cas d'indispositions momentanées ,

ses fonctions ayant toujours été d'une admirable uni-
formité. Frapper, frapper, frapper, et toujours frapper, voilà toute sa vie. Il est vrai qu'il a fallu, comme
a dit M. Pierres, un tempérament de fer pour résister
à une monotonie si fatigante. Voyons le dernier acte
par lequel on a restauré, fortifié ledit tempérament,
sans négliger de rendre aux costumes de la famille tout
l'éclat dont ils étaient susceptibles.

EXTRAIT DU JOURNAL DE LA CÔTE-D'OR.

Dijon, 15 juin 1808.

« En remettant en état l'antique et célèbre horloge qui dé-
core la tourelle de Notre-Dame, l'artiste, aux soins duquel on
a confié les réparations qu'elle demandait, lui a redonné un
mécanisme dont elle était privée depuis long-temps. Tous les
horlogers qui jusqu'ici avaient travaillé à cette horloge, ou ne
s'étaient point aperçus de l'existence de ressorts qui à chaque
heure devaient faire mouvoir les têtes des personnages, ou n'a-
vaient pu leur rendre leur utilité; M. Verneuil, plus adroit,
a su guérir encore la famille flamande de cette autre paralysie.
Maintenant M. et Mme Jaquemart, toutes les fois qu'ils nous
avertissent de l'heure, sont forcés de faire un mouvement de
tête qui suit le jeu de leur marteau. Le mécanicien à qui l'on
doit cette machine, très-ingénieuse pour le temps, n'a pas cru
devoir donner à la tête de l'enfant la même mobilité qu'à celle
du père et de la mère; il ne meut toujours que le bras. Cette
horloge, la seconde qui, en France, ait sonné les heures, paraît être très-bien réparée; les habitans du quartier jouissent
de l'avantage de l'entendre régulièrement; et les curieux lui
donnent toujours au moins un léger coup-d'œil, sur-tout depuis que les vêtemens du papa et de la maman ont reçu de nou-

velles couleurs, et qu'une couche, nouvelle aussi, mais un peu forte, signale de plus loin la nudité de leur enfant (1). »

Depuis ce dernier événement, c'est-à-dire depuis 1808, nous n'avons qu'à féliciter la famille Jaquemart, qui, par reconnaissance pour ce qu'on a fait en sa faveur, n'a cessé dès-lors de se très-bien conduire et de continuer ses fonctions martelantes avec un zèle, une patience, une prudence, et sur-tout une régularité vraiment exemplaire. Cependant nous avons encore à citer un petit incident sur ledit sieur Jaquemart. Tout à son affaire, il ne songeait nullement à se mêler de politique, quand un jour il fut réveillé à cet égard par un avis inséré dans une feuille publique de Dijon, le 18 mai 1815, après le retour de Napoléon de l'île d'Elbe. Cet article, rédigé, dit-on, par M. F......, était ainsi conçu :

« On demande pourquoi le personnage le plus éminent de la ville paraît toujours en public avec la cocarde blanche à son chapeau. Le rang élevé qu'il occupe, et le bruit qu'il fait, trahissent à chaque heure du jour sa conduite et attirent les regards sur sa décoration royale. On s'étonne que cet homme, l'un des membres les plus distingués de l'Ordre de la Girouette, qui a suivi avec docilité tous les partis de la révolution, qui s'est empressé d'arborer la cocarde blanche le lendemain de la restauration, tarde tant à se décorer de la cocarde tricolore. Nous serions véritablement fâché que cet ancien et utile habitant

---

(1) *Journal de la Côte-d'Or*, année 1808, n° 45, p. 379. Nous n'avons pas besoin de dire, qu'à part la lettre de M. Pierres, les deux lettres de Jaquemart, et l'article qui les suit, sortent de la plume de l'ingénieux Rédacteur de ce Journal.

de Dijon s'exposât par son obstination à quelque insulte, et qu'une injonction ou jugement du Tribunal de cassation survenant, il se trouvât hors d'état de continuer les fonctions qu'il remplit depuis tant d'années. Pour faire cesser un pareil scandale, et obvier aux inconvéniens qu'il pourrait occasionner, nous dénonçons à qui de droit cet entêté royaliste, qui se nomme Jaquemart. »

Quoiqu'il y ait quelque chose d'acerbe et d'aigre pour Jaquemart dans cet avis très-patriotique, nous sommes satisfait qu'il nous fournisse l'occasion de mettre au grand jour l'excellence de son caractère, et sur-tout sa soumission à tout ce qui peut contribuer au maintien de la paix publique. A peine fut-il averti de cette attaque imprévue, que, charmé de montrer sa docilité, il fit orner son chapeau, la coiffe de sa femme Jaquette et le bonnet du petit Jaquelinet, d'une énorme cocarde tricolore, qui édifia grandement la susceptibilité de M. F......, et qui, par la vivacité des couleurs, jeta un grand éclat sur toute la ville. Cependant, nous le dirons avec la franchise d'un homme libre, dussions-nous encourir le risque d'être regardé *torvis oculis* par Jaquemart, la politique n'est point son fort; nous ne l'avons pas surpris une seule fois jetant le moindre coup-d'œil sur l'une des quatre cent quatre-vingt-treize feuilles publiques de toutes couleurs qui voltigent quotidiennement par toute la France, au gré des vents déchaînés par les passions de tous les partis. Nous pouvons même assurer que dans toutes les discussions politiques anciennes et modernes, du temps des Armagnacs et des Bour-

guignons, du temps de la Ligue, du temps de la
Fronde, du temps du Jansénisme et du Jésuitisme,
du temps de la République, une, indivisible et im-
périssable, du temps de l'Empire, du temps des deux
Restaurations, etc., nous pouvons assurer, disons-
nous, que Jaquemart s'est toujours tenu au-dessus de
tous les orages, de toutes les divisions, de tous les
partis. A-t-il bien fait, a-t-il mal fait? Nous tranche-
rons la question en disant que bien lui en a pris,
puisqu'il est constamment resté à son poste, ne crai-
gnant ni suspension, ni destitution, ni amende, ni
emprisonnement, ni jury, ni conseil de guerre. Au
reste, par la nature de ses fonctions il est à l'abri des
effets du terrible véhicule si commun en révolution,
Ote-toi de là que je m'y mette. Personne ne recherche
son emploi, tout élevé qu'il est; et il sourit de pitié en
voyant du haut de son tranquille donjon, tant d'in-
trigues, tant d'agitations, tant de complots et tant de
niaiseries turbulentes, qui tôt ou tard aboutiront à
un calme plat, après avoir inutilement fatigué tant
d'ambitions déçues. Il faut donc, au lieu de plaindre
ce haut personnage de sa nullité politique, le féliciter
sur l'esprit d'ordre, d'activité et de vraie philosophie
qui lui a fait parcourir une aussi longue et une aussi
honorable carrière. Il ne connaît que son devoir, il
le remplit, et se soucie du reste comme de l'an 2440.
Peu lui importe qui règne, peu lui importent les
gouvernans devenus gouvernés, et les gouvernés devenus gouvernans; il a sonné pour nos ducs de Bourgogne pendant quatre-vingt-quinze ans, pour nos rois

pendant trois cent quinze ans , pour toutes les phases de notre Révolution depuis quarante-quatre ans : il continuera à sonner pour ce qui doit arriver, se mêlant de ses propres affaires, nullement de celles des autres, et s'en trouvant fort bien : ma foi, VIVE JAQUEMART!

Dixi.

NOTE SUPPLÉMENTAIRE.

(Voyez ci-devant pag. 18.)

———

L'ORLOGE AMOUREUSE,

DITTIÉ DE JEHAN FROISSART,

COMPOSÉ DANS LE QUATORZIÈME SIÈCLE.

ANALYSE ET EXTRAITS.

———

CETTE ancienne pièce de poésie est très-précieuse, en ce qu'elle nous fait juger de l'état de l'horlogerie au xive siècle. L'auteur, quoiqu'il en fasse constamment une allégorie ou plutôt une application amoureuse, y donne la description très-détaillée de toutes les parties d'une horloge, telle qu'elle existait alors. C'est donc le morceau le plus curieux et le plus apte à fournir des lumières sur l'histoire de l'art de l'horlogerie dans ce siècle reculé. Ayant parlé, au commencement de notre ouvrage, des origines et des progrès de cet art, nous ne pouvions guère nous dispenser de mentionner ce petit poëme de Froissart ; l'analyse et les extraits que nous voulions en donner, étaient trop longs pour entrer dans la note, *pag.* 18 : nous les plaçons ici comme nous l'avons annoncé. Pour faciliter l'intelligence de cette vieille poésie de Froissart, il est bon de commencer par un mot d'explication sur le mécanisme de son horloge, qui tenait encore en quelque sorte au berceau de l'art, et sur l'application allégorique qu'il en faisait. Mais cette partie-ci ne doit presque point nous occuper, n'ayant à parler que de l'horlogerie.

Nous dirons donc que « le petit poëme en question non-seulement renferme une comparaison suivie et bien circonstanciée des pièces qui composent une horloge et de tous ses mouvemens, avec les situations d'un cœur amoureux et les divers mouvemens dont il était agité ; mais parmi plusieurs particularités que cette comparaison nous apprend de l'ancien état de l'horlogerie, nous y voyons,

« 1° Que le rouage du mouvement et celui de la sonnerie n'avaient l'un et l'autre que deux roues, au lieu de cinq qu'ils ont maintenant ; ces deux roues leur suffisaient ; mais les horloges n'allaient que pendant six ou huit heures, et il fallait les remonter trois ou quatre fois par jour ;

« 2° Que le cadran marquait vingt-quatre heures, commençant depuis une jusqu'à douze, et répétant une seconde fois les mêmes nombres ;

« 3° Que le cadran était mobile, et marquait l'heure par sa direction à un point fixe qui tenait lieu d'indice ou d'aiguille ;

« 4° Qu'au lieu du pendule et du balancier, qui n'étaient point encore inventés, les horloges avaient une pièce nommée *foliot*, qui portait deux petits poids appelés *régules*, dont l'usage était de faire avancer ou retarder l'horloge à mesure qu'on les approchait ou qu'on les éloignait du centre du *foliot*.

« Outre les différences dans la construction des horloges, on remarque dans le poëme plusieurs termes d'horlogerie qui étaient alors usités, et qui ne le sont plus aujourd'hui (1) ». Nous tâcherons d'en donner l'explication, mais il est temps de passer aux extraits ; nous nous bornons à ce qui tient au mécanisme de l'horlogerie, laissant de côté, comme nous l'avons dit, les applications que l'auteur en fait à un cœur amoureux. Nous ne changeons rien à l'orthographe de Froissart.

> . . . . . . L'ORLOGE est au vrai considerer
> Ung instrument tres bel et tres notable,
> Et s'est (2) aussy plaisant et proufitable,
> Car nuict et iour les heures nous aprent
> Par la soubtilité qu'elle comprent
> En l'absense meisme dou soleil
> Dont on doibt mieuls prisier son appareil,
> Ce que les aultres instrumens ne font pas
> Tant soient tous faicts par art et par compas,
> Dont celi tient pour vaillant et pour sage

---

(1) Voy. *Notice des Poésies de Froissart,* par La Curne Sainte-Palaye, *dans les Mémoires de l'Académie des Inscriptions et Belles-Lettres,* édit. *in-*4°, tom. XIV, p. 219, et édit. *in-*12, tom. VII, pp. 369-383. La Curne ne cite aucun vers du Poëme de l'Orloge.

(2) Et s'est *pour* et si est, *c'est-à-dire :* et il est....

Qui en treuva primierement l'usage,
Quant par son sens il commença et fit
Chose si noble et de si grant proufit......

Or vœil parler de l'estat de l'orloge :
La premeraine roe (1) qui y loge
Celle est la mere et li commencemens
Qui faict mouvoir les aultres mouvemens
Dont l'orloge a ordenance et maniere
Pour ce poet (2) bien ceste roe premiere
Segneficr tres convignablement. .....
   Le plonk (3) trop bien a la beauté s'acorde
Plaisance r'est montrée par la corde
Si proprement con ne poroit mieulz dire ;
Car tout ensi que le contrepois tire
La corde a lui et la corde tirée
Quant la corde est bien a droit atirée
Retire à luy et le faict esmouvoir,
Qui aultrement ne se poroit mouvoir
Ensi beauté tire a soy et esveille......

   Et pour ce que ceste roe premiere
A de mouvoir ordenance et maniere
Par la vertu dou pois que le plonc donne,
Dont selonc ce elle duo tout s'ordonne ;
Le plonc le tire et elle a li s'avance
Et pour ce qu'elle iroit sans ordenance
Et trop astievement et sans mesure
Le destournast et le ramesurast

_____

(1) La première roue de l'horloge.
(2) Peut.
(3) Le plomb, appelé aujourd'hui le poids.

Et de son droìct rieule (1) le droiturast,
Pour ce y fu par droite art ordonnée
Une roe seconde et adioustée
Qui le retarde et qui le faict mouvoir
Par ordenance et par mesure voir
Par la vertu dou foliot (2) aussi
Qui continuelment le moet (3) ensi
Une heure a destre et puis l'aultre a senestre (4);
Ne il ne doibt ne poet a repos estre,
Car par li est ceste roe gardée
Et par vraie mesure retardée......

    Apres affiert a parler dou dyal (5)
Et ce dyal est la roe iournal
Qui en ung iour naturel seulement
Se moet et faict un tour precisement.
Ensi que le soleil faict un seul tour
Entour la terre en un naturel iour.
En ce dyal dont grans est li mérites
Sont les heures xxiiii descrites,
Pour ce porte il xxiiii brochetes
Qui font sonner les petites clochetes
Car elles font destente destendre
Qui la roe chantore (6) fait estendre
Et li mouvoir tres ordeneement

---

(1) Règle.
(2) Nous avons déjà dit que le *foliot* était une pièce destinée à retarder ou à faire avancer l'horloge au moyen de deux petits poids qu'elle portait.
(3) Meut.
(4) Une heure à droite, puis l'autre à gauche.
(5) Le mot *dyal, dyauls,* vient du latin *dies,* jour, parce qu'il est question d'une pièce, d'une roue, ou plutôt du cadran mobile, qui ne faisait son tour que dans un jour, tandis que les autres roues terminaient leur révolution dans sept à huit heures.
(6) La *roe chantore* était la roue de la sonnerie.

Pour les heures montrer plus clerement,
Et cils dyauls aussy se tourne et roe
Par la vertu de celle mere roe
Dont je vous ay la proprieté dit
A l'ayde d'ung fuiselet (1) petit
Qui vient de l'un à l'aultre sans moiien,
Ensi se moet rieuleement (2) et bien........

    Apres affiert dire quele chose il loge
En la tierce partie de l'orloge,
C'est le derrain (3) mouvement qui ordonne
La sonnerie ensi qu'elle sonne;
Or fault savoir comment elle se faict
Par deux roes ceste œuvre se parfaict,
Si porte oli (4) ceste première roe
Un contrepois parquoy elle se roe (5)
Et qui le faict mouvoir selonc m'entente,
Lorsque levée est a point la destente,
Et la seconde est la roe chantore
Ceste a une ordenance tres notore (6)
Que d'atouchier les clochetes petites
Dont nuict et iour les heures dessusdites
Sont sonnées soit estés soit yvers
Ensi qu'il apertient par chans divers..........

    Et pour ce que li orloge ne poet

---

(1) Le mot *fuiselet* peut signifier un pignon ou petit fuseau, parce que la grande roue ou *mère roe*, faisant tourner ce pignon, faisait ensuite tourner la roue dyal ou du cadran; peut-être signifie-t-il la corde qui se dévidait sur ce pignon.

(2) Régulièrement.

(3) Dernier.

(4) *Oli*, ce mot nous semble devoir signifier *avec lui, avec elle.*

(5) Elle roule sur elle-même.

(6) Notable.

Aler de soy ne noient (1) ne se moet
Se il n'a qui le garde et qui en songne (2),
Pour celi fault a sa propre besongne
Ung orlogier avoir qui tart et tempre (3)
Diligamment la ministre et attempre (4),
Les plons relieve et met a leur debvoir,
Et si les faict rieuleement mouvoir
Et les roes amodere et ordonne
Et de sonner ordenance l'ordonne,
Encores met li orlogiers a point
Le foliot qui ne cesse point,
Ce fuiselet et toutes les brochetes,
Et la roe qui toutes les clochetes
Dont les heures qui ens ou dyal sont
De sonner tres certaine ordenance ont;
Mes que levée a point soit destente
Encores poet moult bien selonc m'entente
Li orlogiers quant il en a loisir
Toutes les fois qu'il li vient a plasir
Faire sonner les clochetes petites
Sans derieuler (5) les heures dessusdites...... (6).

Si l'on voit par les détails donnés dans cette vieille
poésie, combien l'art de l'horlogerie était encore éloi-

---

(1) *Noient* signifie rien.

(2) *Qui en songne*, qui en prenne soin.

(3) *Tart et tempre;* ces deux mots signifient *à propos*, ni trop lentement, ni trop vite.

(4) *Attempre* veut dire régler, ajuster; accorder un instrument.

(5) Déranger; c'est-à-dire que l'horloger peut tirer à volonté des sons des petites clochettes, sans déranger en rien la sonnerie des heures.

(6) Ces extraits sont tirés du *Journal des Savans,* juillet 1783, *in-4°,* pp. 492-494; et *in-12,* pag. 1472.

gné de la perfection où il a été porté depuis, on ne peut cependant disconvenir qu'il avait déjà fait des progrès assez surprenans pour le siècle où vivait Froissart, qui a dû composer ce petit poëme, étant encore jeune, c'est-à-dire vers l'an 1360.

FIN.

TABLE DES MATIÈRES.

*

FIN DE LA TABLE.

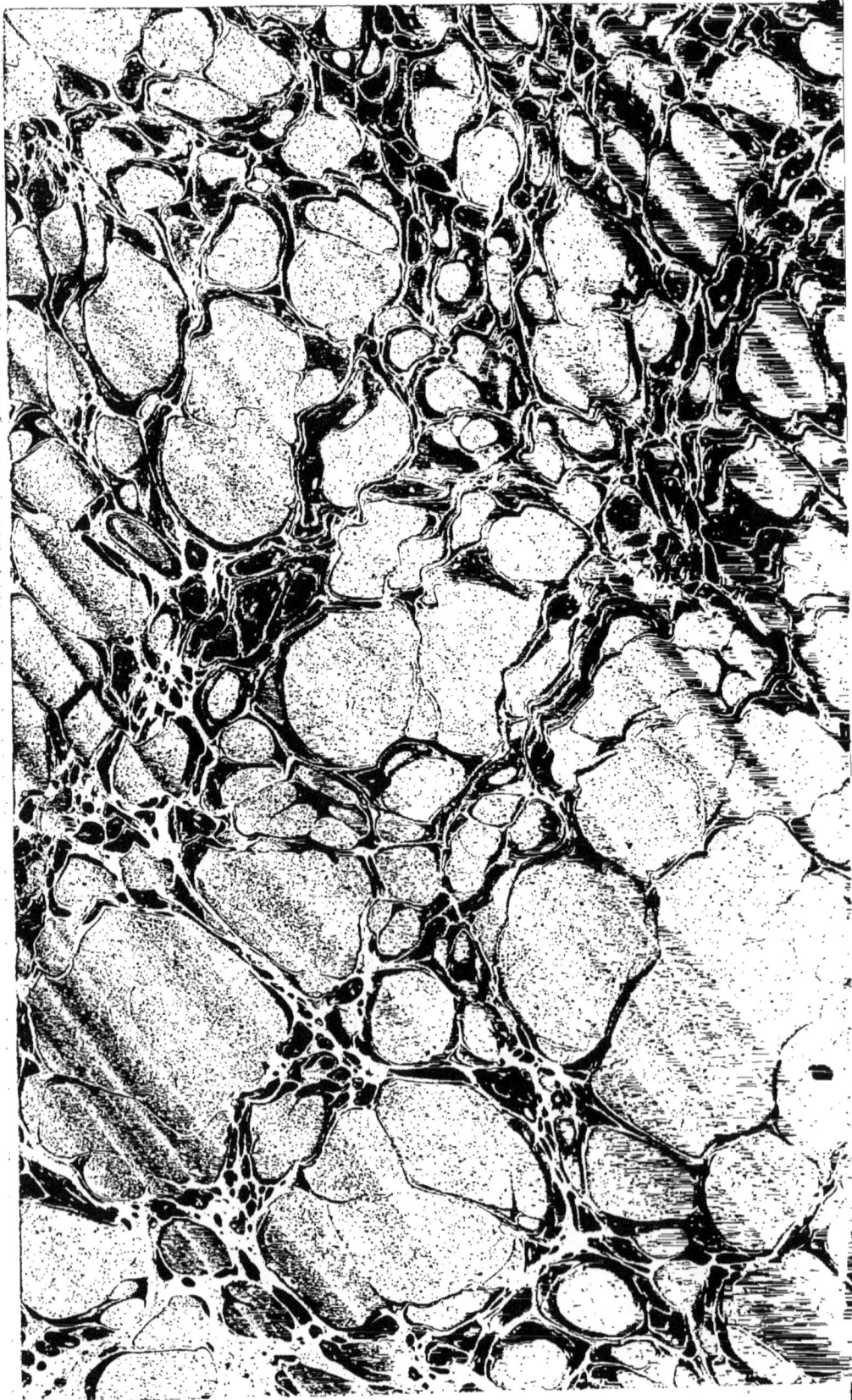

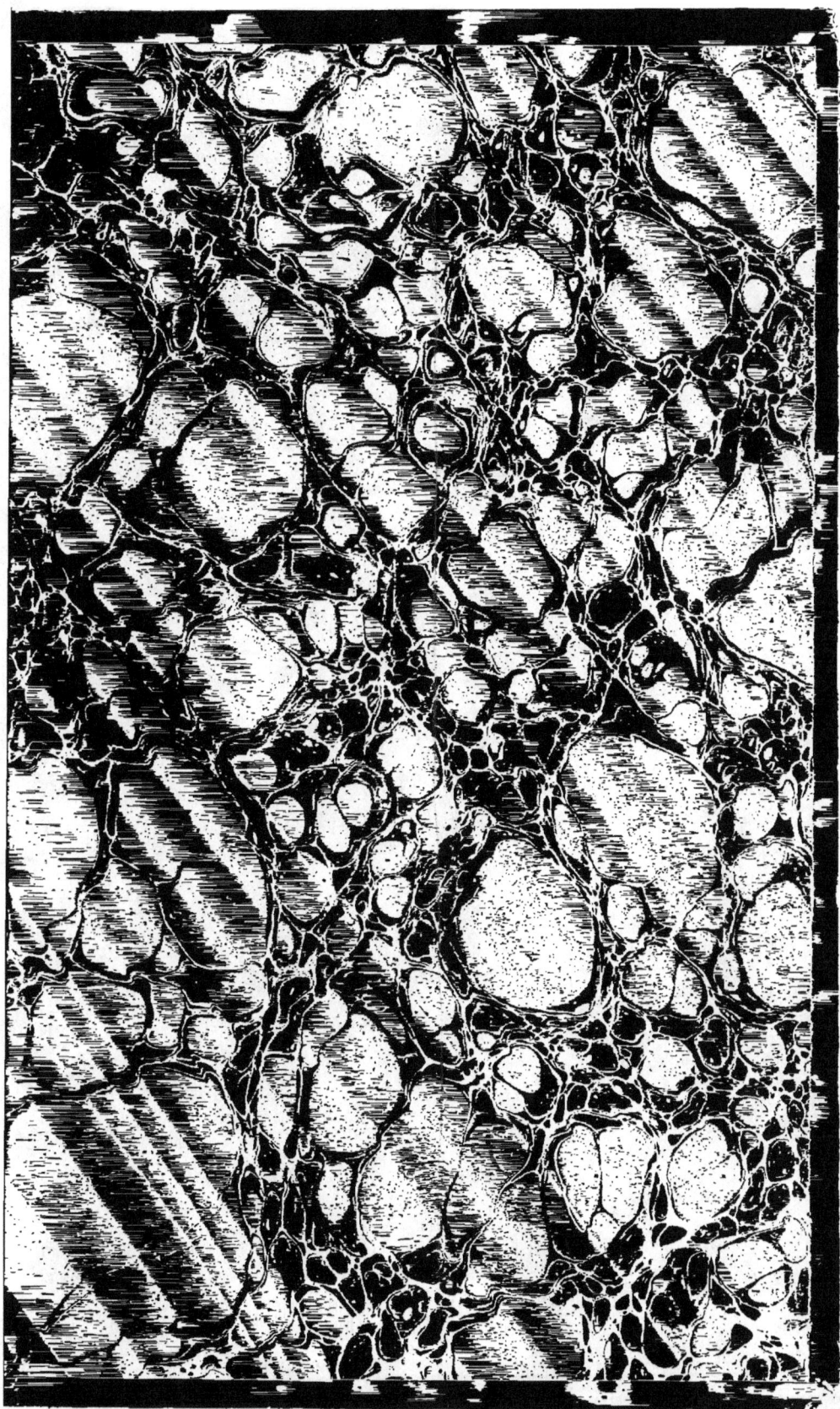

www.ingramcontent.com/pod-product-compliance
Lightning Source LLC
Chambersburg PA
CBHW052116090426
42741CB00009B/1832